願いと働きをつなげた女たち

ヒルダ・ミッションの足跡

北川規美子

かんよう出版

表紙カバー写真＝15頁参照

はじめに

東京吉祥寺の駅からさほど遠くないところに日本聖公会の女子修道院、ナザレ修女会がある。多摩川上水の流れも近いためか、鳥たちが多く、宿泊者には朝が気持ちいい。修女院につながる宿泊棟、エピファニー館には個室と講師室があり二〇人ほどの研修会や黙想会に用いられていることが多い。個人的に訪れる人もいてわたしもその一人であるが、「ヒルダ・ミッション」について思い巡らし始めてからはなおさらに、ナザレ修女会で滞在させていただくことが多くなった。ヒルダ・ミッションは明治時代中期から大正、昭和初期にかけて幅広い活動をしていた聖公会の女性たちの宣教団体である。聖ヒルダの名を頂く香蘭女学校はその宣教団体の実りであるが、当団体の姿を辿っていくと、その働きはミッションスクール（香蘭女学校）に限らず、医療、福祉、女子神学校と多岐にわたっている。さらに当団体の活動を実現ならしめた支援団体（セント・パウルス・ギルド）を含めると、ヒルダ・ミッションの全体像はさらに広いものとなる。組織的な大きさと時代的な隔たりを感じながらも、当宣教団体に関わる女性たちの働きを追ってみると、一人一人の姿が浮かび上がり身近に感じられてくる。それにともない、日本聖公会における彼女たちの働きがいかに多様なものであり、それらの働きが今現在に至るまで引き継がれ生き続けていることに驚かされる。

三鷹市牟礼・井の頭公園近くにあるナザレ修女会

ヒルダ・ミッションとナザレ修女会の直接的なつながりは、日本聖公会で最初の修女となった根津八千代（八千代修女）がヒルダ刺繍部の卒業生であること、また修女志願を抱きつつ戦争に阻まれ、戦後志願が叶った岡上千代（後千代修女）が大きな影響を受けたのがヒルダ・ミッションの暁星寮の生活であったこと。そして最も大きな関わりは、当修女会の生みの親であるエピファニー修女会がヒルダ・ミッションと協働関係にあったことなどである。

ナザレ修女会というフレーム（枠）の中から気づかされたヒルダ・ミッションの働きを　一、二章ではエピファニー修女会がヒルダ・ミッション構内で担った揺光ホームとヒルダ刺繍部について、三章では設立者ビカステス主教、ヒルダ・ミッションの働き人、エピファニー修道院について、四章では神学校とヒルダ沼津支部、女性たちの協働について、そしてあとがきとしてナザレ修女会の働きを記していきたい。

目次

第一章　エピファニー修女会と揺光ホーム

一　ヒルダ・ミッションについて

ヒルダ・ミッションの創設者は一八八六年に駐日主教として来日したビカステスであり、その発足は、最初の宣教師ミス・ソントン（Elizabeth Thornton）とミス・ヒックス（Blackstone Hicks）がSPG（Society for the Propagation of the Gospel in Foreign Parts）女性連合より派遣され来日した一八八七年十二月四日のこととして覚えたい。その働きは、英国の宣教団体SPGと在英の支援団体であるセント・パウルス・ギルド（以下ギルド）との関係によって成り立っていた。次の引用文は『日本聖公会史』からの抜粋であり、それら団体の関係と趣旨が簡潔に記されている。

聖アンデレ伝道団と聖ヒルダ伝道団とは明治二十年ビカステス監督の創設に係り、印度における大学伝道団に倣い、男女の献身的宣教師を以て組織せるものなり。而して聖アンデレ伝道団は英国大学出身者の団体とし、聖ヒルダ伝道員は知徳兼備の熱心なる貴婦人たるべきものとせり。此両伝道団を維持経営する為に、英国に於いて聖保羅協会は組織せられたり。明治二十三年より此両伝道団はエス・ピー・ジーと連合するに至れり。

元田作之進『日本聖公会史』、明治四三（一九一〇）年（三四～三五頁）。

1891（明治24）年頃の伝道部の一階部分
室内には少なくとも五人の和服の女性がいる。

また献堂式について『日曜叢誌』は第一号で、次のように報告している。

「聖ヒルダス伝道会社の礼拝堂」東京聖ヒルダス伝道会社の礼拝堂はいよいよ去る八月二十八日監督ビカステテス氏によりて献堂式を執行せり英米及び本邦教師式を助く礼拝堂は頗る大にして百人を容るるに足り又た同時に貧しき病者の為に施薬院を開かれたり

明治二二（一八八八）年十二月一日。

聖ヒルダ神学部
酒井マサエとミス・ホーガン

伝道団の所在地と日本人スタッフについては、一八九一年の「聖公会略暦」によると「聖ヒルダ伝道会：麻布区永坂町一番地。伝道役者：磯部ソヨ、酒井マサエ。補助兼幹事：伊藤コウ」とある。当宣教団体は香蘭女学校の火災によって移転することになる一九一〇年までの二二年あまり所在地をここに置いている。

伝道役者の働きについては後述するが、この麻布永坂の地から多くの女性たちが出発している。婦人会の「感謝箱献金」（当時の一致感謝献金）によって台湾に派遣された丹下トキは、同敷地内の香蘭女学校で学んでいる。

ヒルダ・ミッション構内の様子を香蘭女学校で教鞭をとっていたエディス・コンスタンス・ハミルトンは『はこぶね』創刊号の中に、「日本の印象・日本聖公会五十年の追想」として記している。

婦人の為の本部は永坂町にあった聖ヒルダ・ミッションでありました。この構内には、大きな伝道館のそばに香蘭女学校と寄宿舎、刺繍学校、孤児院　教会の働き人の養成学校などがありました。このミッションの会員は、龍土町にあった養老院、新網町の貧民救済事業、日本女子大学の隣にあった学生寄宿舎（暁星寮）及び地方町村の伝道活動などの働きをして一九五六年十月発行。

いました。

ヒルダ・ミッションが永坂でスタートして間もない一八九一年、当宣教団体のみならず日本の社会を大きく揺さぶることになった濃尾大震災がおき、日本の社会福祉事業に大きな影響を与えているが、当宣教団も女児を優先して養護施設を開所している。それが先の文中にある孤児院で聖ヒルダ孤女院（清慧幼女学舎）であるが、ギルドの年次報告書にはジョン・ビショップ孤女院（The John Bishop Orphanage for Girls）と記されている。ジョン・ビショップとはイザベラ・バード（Isabella L. Bird）の夫の名であり、彼女は逝去した夫の記念として孤児院建設のため多額の寄付をしている。「イザベラ・バードの極東の旅」に載っている写真は麻布の聖ヒルダ孤女院と同じ様子のものである。

聖ヒルダ（ジョン・ビショップ）孤女院

先の『はこぶね』の文中にある龍土町にあった養老院というのは、ヒルダ・ミッション設立以前に来日していたアリス・ホア（Alice Elenor Hoar）との協働であった。アリス・ホアについては白井堯子の研究に詳しく、わたしはこの数年、ナザレ修女会の写真を見ていくなかで、『福沢諭吉と宣教師たち』に載せられた「ミス・ホアと長きにわたり共に住んだクリスチャン」と書き添えられた写真の女性は、この岡本房子ではないかと思い、手がかりを探していた。

香蘭女学校の校報「香蘭だより」一二五号が発行されたのはちょうどそのころで、その中には一八九七年のギルドの年次報告書が紹介されており、「伝道学校には…女性宣教師ミス・ホアから、一時的にミス・ソントンに委ねられた四人の伝道女性もいます」の文字を見ることができた。

アリス・ホア、岡本房子についてはそれぞれ後述するが、エピファニー修女会と日本の修女会を考えるキーパーソンであった岡本房子は、さらに時をさかのぼってヒルダ・ミッションとアリス・ホアをつなぐ人であったのである。

暁星寮（小石川区雑司ヶ谷）

○ヒルダ本部　麻布永坂より芝白金に

ヒルダ・ミッションは本部を麻布永坂に置き、後に芝白金に移転しているが、その敷地等について同ミッションの最初の働きとなった香蘭女学校は、次のように記録している。

永坂時代（明治二十年―同四十三年）「明治二十年十一月当時の東京府知事高崎並六氏の学校設立の許可を得たので、麻生永阪町一の島津伯爵邸より学校敷地として一二〇〇坪を借受け翌二十一年三月落成を俟って開校式を

1912年以降のヒルダミッション（東京市芝区白金三光町）

挙げ授業を開始した。

白金時代。明治四十三年十一月十五日夜半の火災により全校舎焼失したが幸いにして保護者各位の絶大な援助を得又S・P・G、ミッションの格別な講演を受け芝白金三光町の山路将軍邸を入手直ちに校舎建築に着手し大正元年九月十九日竣工の日、恰も名代として御来朝中の、アーサー、オブ、コンノート殿下の台臨を仰ぎ落成式をあげた。

『香蘭女学校七十年の歩み』発行日不明

一八八八年に開校し二十年余りの教育的実績を積み重ねた香蘭女学校であったが、火災直後より白金に移転するまでには、火災により失われた校舎再建という問題だけでなく、学校を存続できるか否かという問題に直面していた。一九一〇年当時は既に日本での女子教育が普及してきており、在英の支援者のなかには再建不要の意見もあったようだが、右記文中に見るように、日本では保護者らの強い要望によって学校存続と校舎再建が叶ったのであった。

香蘭女学校の校史が永坂時代、白金時代と表現しているように、ヒルダ・ミッションにとっても永坂時代と白金時代の異なりがあることが考えられる。ヒルダ神学校については後述するが、

ミッション構内　左端 岡本房子、中央付近に坂井正栄、ミス・フィリップス

永坂から白金へと本部を移すことになったこの時期は、日本が領土を拡げていった時代と重なり、ヒルダで学んだ女性たちが日本国内のみならず、朝鮮半島や、中国、台湾の教会へと赴いていった時代でもあった。ミッションの働きがスタートして二十年余りを経ていたこの頃、ミッシコン構内は彼女たちを送り出す場であったと共に、彼女たちが一時戻ることのできる休息の場にもなったと考えられる。

その後戦時体制となり香蘭女学校が一九四一（昭和一六）年に品川区平塚町へ移転するまでの三〇年間近く、白金三光町のミッション構内は、香蘭女学校、孤女院、刺繍部など、年齢や立場も様々な女性たちが課題に取り組む姿が見られる世界であった。

一九一六（大正一五）年の要覧によれば、

左から吉田とく、酒井正栄、岡本房子（年代は不明）

聖ヒルダ伝道団の項には「ミス・ホーガン、ミス・フィリップス、ミス・ネビル、ミス・ウイリアムス（後にSrテオドラ）、ミス・ヤング（後にSrドロセ）、ミス・タナー、吉田とく、岡本房子」の名前が記されている。左上の写真にはミス・フィリップス、ミス・ヤング、岡本房子の姿が見られる。

二　エピファニー修女会の来日

エピファニー修女会は英国の南部の町トゥルロー（Truro）に本院を置く英国聖公会の修道院で、三十五年余り日本に支部を置いていた。

一九一九年に来日して支部を開くまでの約三〇年間、英国における同修女会について、ナザレ修女会は左記のように伝えている。これはナザレ修女会が長年居を置いた三光町を去るときに八千代修女が話されたものの記録から抜粋したものである。

> エピファニー修道会の創立は一八八三年でした。それからざっと三年の後に、日本で仕事

をするように提案がありました。これは、当時はまだ不可能なことでしたが、明らかに未来の為の一つの暗示でした。

その時どうしてもそれをお受けすることができない。するとと今度はＳＰＧからエピファニー修女会に、外地で働く婦人宣教師を養成するために幾人かを預かって教育、訓練してくれないかと依頼したそうです。それでシスターたちはそれをお受けになって数名の婦人を預かって宣教師にするために、教育なさったそうです。

小高信子と揺光ホームのこどもたち　1926年

刺繍部の卒業生　1928年

不思議なことに、その幾人がやがて日本に来て宣教師になられ、それからエピファニーシスターになられました。

渡日を願ってから三〇年余り、エピファ　ー修女会の日本での働きはヒルダ・ミッションの地において実現したのだった。後に修女となった四人の宣教師については後述するが、『日曜叢誌』第六号に「シスターマーガレット姉。麻布永坂町香蘭女学校の同女史は今般仝校々長の任を辞して帰国されたり…」とあることについては未だ確認できていない。

前頁上の写真は修道会が担うことになった揺光ホーム、中央は小高信子、下の写真は刺繍部の少女たちで左は岡本房子、二人が着ているものは同じ形で修道志願者の服である。

三　揺光ホーム・シスターたちに育まれた少女たち

エピファニー修女会が担ったヒルダ・ミッションの働きは、聖ヒルダ揺光ホームと刺繍部であった。まず東京教区奉仕部（昭和十年）の『社会事業一覧』のなかより一部を抜粋して、揺光ホームを紹介する。

聖ヒルダ揺光ホーム

所在地　東京市芝区白金三光町三五八

一．沿革

本ホームは明治二十四年岐阜、愛知県両県下に起こりたる、所謂濃尾大震災のため親を失いたる孤児の収容に初まり、当時麻布区永坂町に在りし英国教会ヒルダ・ミッションの所属として、聖ヒルダ孤児院と称せしが、後ち清慧幼女学舎と改称せり。明治二九年新に青年女子のため家庭的宿舎を設置し、刺繍の教授を開始したも、明治四十三年十一月火災に困り建物を焼失し一頓挫を来せり。大正二年現在地芝区白金三光町三五八番地に家屋を建築し、ミス、ホーガンの監督の下に従来の事業を継続したるが、大正十年エピファニー教班の所管に移り、大正十四年一月刺繍部と聖慧幼女学舎とを合併して聖ヒルダ揺光ホームと改称し現在に至る。

二．経営主体　エピファニー教班（本部は英国ツルーロ市に在り）

三．代表者　シスタ・スペリア・エセルドレダ

六．設備　家屋一棟　階上三〇坪　階下五〇坪

（但し英国ＳＰＧの所有に属し、維持費は聖ポーロ・ギルドこれを負担す）

七．経理　…

普通科生の一部を除きては、主として舎生の製品の売り上げと、英国特志家よりの寄付金及び舎生親族等よりの寄付金品によりて支辨す。…

八．現況

シスタ・スペリア・エセルドレダの監督の下に日本婦人を取締として、日夕出入り等の世話をなさしむ。

（一九三五年）

麻布時代の孤児院には一八九一年におきた濃尾地震、そして、明記されていないが白金時代の揺光ホームには一九二三年の関東大震災の被災児が多かった。

シスターたちが残したと思われる写真のほとんどには一人一人の名前が書き込まれていて、丁寧に育てられた様子が伝わって来る。被災遺児の緊急養育的な施設は、女児の成長とともに技術習得や教育的な要素を加え、自立支援助な環境を整え、少女たちが作った製品は、揺光ホームの維持費にもなり、彼女たちが羽ばたくための力にもなっていった。

Brownies（少女団、1927 年）

揺光ホームで育った少女たちは教会刺繍ばかりでなく、礼拝音楽についてもとても恵まれた環境で育っている。ナザレ修女会には揺光ホームで使われた聖歌集が残っているが、謄写版プリントの手作りの歌集である。それらは音楽の時間に使われたということではなく、日々の礼拝という生活のサイクルそのもののなかで用いられたのであろう。使われた聖歌集には音楽的な学習だけでなく、共に歌うことによって育まれたものを想わせられる。

ホームの様子について『ナザレ修女会四十年のあゆみ』の

なかで吉田澄は、次のように記している。吉田は香蘭女学校の卒業生で、岡本房子が逝去した後六年間ほどシスターたちと共に生活して修女会の手伝いをしていた。

教区の仕事を手伝うとともに、聖ヒルダ・ミッションの仕事である聖ヒルダ刺繍部と揺光ホームの管理もシスタースの来日の目的でありました。陽当たりの良い大きい部屋に刺繍台を沢山ならべて美しい日本刺繍が教授され、シスタースからは教会で使われる刺繍と白衣の作りかたが指導されました。また、シスタ・エレナ・フランセスは音楽家なので刺繍部の生徒達は音楽にも優れ、日本聖公会で初めて彼女達の歌う天使ミサ曲がレコードに吹き込まれました。クリスマスイブの深夜の歌ミサも当時はここでなければ聞かれなかったでしょう。

レコードスタジオ天使ミサ曲の録音

揺光ホームの少女たちはシスターが育んだ子どもたちというだけでなく、教会刺繍にしても礼拝音楽にしても、シスターたちの教え子（まなでし）であった。

後にナザレ修女会の『聖務時祷』で唱われる聖歌を指導し、教会でも礼拝奉仕をしていた小高待津子は関東大震災で被災遺児となり、四才のときからミッション構内の揺光ホームを家庭としていた。彼女は幼い日の記憶を次のように書き残している。

・火の海に　巻かれて逃げる地獄絵は　幼児の脳裏に　今尚のこし
・面会は　やけどのひどい顔を見て　皆あきらめて　一人残され
・シスターは　繃帯替える手も震え　ひどいやけどに　今日も祈れり
・堪え切れぬ　身の寂しさに独り来て　オルガンと聖歌（うた）に慰め求め
・オルガンを　弾くシスターの横に掛け　希望と愛に抱かれて聞き

エピファニーのシスターは、揺光ホームを卒業（卒寮）した人たちのために「鳩の巣会」という会を作り、ヒルダのスタッフや教師、舎監の先生たちとともに親しい交流を続けていた。「鳩の巣会」の写真は少女になったこどもたち、幼子たちを交えた女性たち、そして高齢となった女性たちの同窓会のようである。「鳩の巣会」の集りは一九六三年にエピファニー修女会が英国に引き上げた後もナザレ修女会で続けられ、ナザレ修女会が白金から吉祥寺に移った後も続けられていた。「鳩の巣会」の人にとって修道院は育った家庭であり、母校であり、帰ることのできる故郷でもあった。今では既にほとんどの人は天国の住人になって集まりは持たれていない。彼女たちとの交流が深かったナザレのシスターはため息をつくように「鳩の巣会」の人たちの聖歌は

ナザレ修女会（白金三光町 360）にて　鳩の巣会　1951 年
中央付近・Sr エディス・コンスタンス、右隣・吉田とく（婦人伝道師）

本当に美しかったと言っている。わたしが知っている彼女たちは一九七六年以降のことであるが、高齢であるにも関わらず、なんと楽しげで少女たちのようだと思ったことであった。

第二章　ヒルダ刺繍部、エピファニー修女会神戸ホーム

一　宣教師たちが訪れた頃の日本と女性

ミッションスクールや一部の宣教師たちの働きだけを見ていると、この時代は日本の女性たちにとってなんと恵まれた時代かと思いがちである。しかし大人の保護のもとに養育を受けていない子や、今であれば義務教育年齢にありながら学校生活を知らない子どもたち、そして多くの家庭にとって子どもは家事労働を分担し、時には収入を支えるものとなっていた。ヒルダ刺繍部の働きを思い描くために、ちょうど同じ時代を生きた林歌子（一八六四年福井生まれ）の働きを追い、その時代を考えてみたい。

一八八六年築地の居留地にあった立教女学院の教師となった歌子が、神田基督教会の信徒となったのはヒルダ伝道団が結成された一八八七年のことであった。そして濃尾地震の翌年、一八九

二年に歌子は兵庫県赤穂に赴き博愛社（養護施設）に献身、二年後に子どもたちと共に大阪に移住し、子どもたちの家庭環境充実へと奔走する。その後、少女たちの職業訓練と保護のために矯風会大阪支部の働きとして一九〇七年大阪婦人ホームを設置し女性の自立支援活動を展開している。さらに大阪婦人ホームの働きは仙台から大阪へと拠点を移したジャパン・レスキュー・ミッション（日本の公娼制度を憂いて女性たちの救済を願った宣教団体）と共に（一九二八年より）、女性たちの「自由廃業」を支える働きに力を注いでいく。そして第二次世界大戦開戦間際、一九四一年には廃業した女性たちの保護施設として大阪婦人ホーム分館を設立、歌子七五歳のときの働きであった。公娼制度廃止、婦人参政権の獲得運動など、多くの働きが戦争によって強制終了させられたわけだが、ヒルダ・ミッションがあったこの時代は多くの先達たちが女性の被害を食い止めようと闘い続けていた時代であった。

一方欧米では時代的に少しさかのぼって、既に日本ブームが始まっており、なかでも刺繍の品々は未だ日本が開国されないときから人気があったようである。明治になって本格的に海外貿易ができるようになり外国からの渡日者が増える中で、著しく高価なものから安価なものまで、鑑賞する美術作品から携帯できる小物まで、持ち運ぶにも容易な異文化圏（日本）の繊細な品々は特に喜ばれていた。外国での需要が増える一方、日本では「大正モダン」などという言葉が生まれていたように、欧米から入ってきた目新しく便利な品がそれまでの日本の生活を変えていった。

さて、女性たちが独身で生きて行くことなど考えられない社会、嫁ぐためにも当然身につけており、もしもの場合には家計を支える術となるのが縫い物であった。とはいえ縫い物をするという作業は誰でもできることではなかったため、裁縫や刺繍を教える場も必要とされていた。中でも縫い取り（刺繍）はおそらく内職のような下請けの職種として女性たちが担っていたものと思われる。刺繍は祭儀や冠婚葬祭時にも必要とされているが、それほど安価なものではなく、洗練された刺繍の作品は海外に市場を広げてゆく一方、日本国内での需要は危ぶまれていた。このような中でキリスト教の祭儀に用いられる品々の製作は活路の一つになったと思われる。

日本聖公会の多くの教会では（おそらくローマ・カトリック教会でも）、キリスト教的な暦に合わせて祭服や装飾品を整えている。クリスマスや復活祭は白、それらの前の期間は紫、聖霊降臨祭や殉教者の記念日などは赤、そして日常的には緑色の祭服という具合である。作品のほとんどは絹布と絹糸刺繍で作られており、整え状態は教会によって多少の差はあるが、ヒルダ・ミッションが属していたＳＰＧ関係の教会ではこれらの備品を丁寧に整えていく傾向があった。欧米経由で日本に入ったキリスト教会と日本で供給することができるキリスト教的祭儀の品々、正にキリスト教の世界で、この二つの文化が必然的に融合したのが日本の教会刺繍だったといえる。日本聖公会ではヒルダ刺繍部のほかにも、刺繍部や裁縫学校などが開かれていたが、おそらく日本を訪れた宣教師たちも、そこに女性たちの働き場を見い出し、社会的にも強くなることができる一つの可能性をみていたのではないかとわたしは考えている。

○ヒルダ伝道団宣教師たちの思い

聖アンデレ伝道団と聖ヒルダ伝道団とは明治二二年ビカステス監督の創設に係り、印度における大学伝道団に倣い、男女の献身的宣教師を以て組織せるものなり。而して聖アンデレ伝道団は英国大学出身者の団体とし、聖ヒルダ伝道員は知徳兼備の熱心なる貴婦人たるべきものとせり

右の文はヒルダの宣教団体の説明のために引用したものであるが、このなかの「貴婦人たる」という言葉に、当初わたしは違和感を覚えていた。貴婦人というよりは「良識ある女性」と表現する方が適切であると考える、ともあれ「貴婦人」という言葉は、彼女たちの献身的な働きを考えるうえでの大切な「キーワード」だったのだと考えている。

英国の女性たちの働きについては、伊野瀬久美恵の『子どもたちの大英帝国』および『女たちの大英帝国』によると、産業革命時には移民計画や海外援助を含め、他にも多くの社会的な問題を担おうとした団体が結成されている。さらに活動の多くは、女性たち自身の働きによって支えられていたようである。

ところでそのような女性たちが活躍する英国においてさえ、当時女性たちが仕事として選ぶ職種は非常に限られていた。『メリーポピンズ』や『サウンド・オブ・ミュージック』などの話からもそのことが伺えるが、たとえ教育を受けていたとしても、住み込みの家庭教師や小学校の教師、看護婦などである。おそらく洋の東西を問わず、どの時代においても崩しがたく定着しているのは、「女というものは父親の娘であり、誰かの妻となり、子どもを産んでこそ幸せ」という考え方である。その場合、嫁ぐ女性が本当にそれを望むか否かはさしあたり問題ではなく、もし拒んだとしてもはたして他にどのような選択の余地があるのか。女性が収入を得て一人で生活するなど論外のことであった。

しかし産業革命は女性の生き方の巾を広げ、結果的に、多くの女性たちが海外へ、特に英領である地を訪れている。植民地ではなかったが日本を訪れた人たちの目には浮世絵や刺繍美術といった魅力的な日本だけではなく、山崩れに水害、台風や震災という自然災害の多い国。さらに医療の遅れ、人身売買（公娼制度）と児童労働、女性の人権が全く無視されている国、女児たちの教育と職業訓練を急務としている国であり、女性の宣教師たちの働きを待つ国に思えたのではないだろうか。

地域福祉的な働きを成していくことは英国国教会としては当然とされる課題であった。さらに良識ある者（貴婦人）であることは「身分あるものの責任と義務」という思いと重なり合わせ、たとえ困難な状況にあってもことを為していこうという強い意志につながっていたのだと思われる。そう考えると、わたしにとっては驚異的に思えた彼女たちの働きもうなづけるものになってくる。

二　ヒルダ刺繍部で学んだ娘《ひと》たち

当初ヒルダ刺繍部は香蘭女学校の刺繍部として設置された。香蘭女学校の裁縫や刺繍に関しては一八九七年女子手芸部（裁縫科三年、刺繍科四年）を付設、二年後に刺繍専修科を設置、更に一九〇三年に手芸部（裁縫科三年、刺繍科三年）に変更と、短期間に変更され続けている。随分と変化していてややこしく感じるが、学校制度を国が整えていく最も変化の激しい時代であったからだと考えられる。写真は麻布の香蘭女学校の手芸部の様子で二枚とも同時期のもので、和服で座っている教師は岡本房子、立って子どもたちを見ている宣教師はミス・ホーガンである。

St Hilda's School. Azabu　1910年

刺繍部の働きをエピファニーのシスター

が担った一九二〇年には、既に小学校は四年から六年に改正されており、ヒルダ刺繍部の子どもたちは殆ど六年の尋常小学校を卒業してきた子どもたちであった。刺繍部の卒業者で、ながい間「鳩の巣会」の世話役をし、会友としてナザレ修女会との親しい交流のあった佐藤鶴枝は、エピファニーのシスターたちに初めて会った日のことを次のように記している。

英国からシスターが四人いらっしゃると伺い、私どもの心は好奇心でいっぱいでした。各自勝手にそのお姿を想像して大騒ぎでした。シスターがたは、もとの聖ヒルダ館にお仕まいになりましたので、刺繍部とは廊下つづきでした。いよいよシスターがたにお目にかかれる日が来ました。「皆さん、シスターの応接間にお集まりなさい」と言われましたので私どもは大きな輪を作り、胸をどきどきさせながら、誰一人口をきく人もなく、静かにお待ち致しました。黒い衣に包まれたシスターがたがにこにこと入っていらっしゃいまして、一人一人紹介されました。

日本聖公会で最初の修道女となった根津八千代は甲府の出身で、刺繍部に入学したのが一九二三年である。刺繍部入学について「とくに勉強が好きだったというわけでもないので刺繍部に入ったけど、刺繍もそれほど上手ではなかった」と話してくれたことがある。もちろん中には特に秀でた人たちもいたであろうが、エピファニーのシスターたちが出会った少女たちは、社会的に

３人の刺繍部の卒業生　1925年

は「ごく普通の子たち」だったと思われる。エピファニーで仕事をしていた吉田澄は『ナザレ修女会四十年のあゆみ』のなかに、その部屋の様子を次のように記している。

　教区の仕事を手伝うとともに、聖ヒルダ・ミッションの仕事である聖ヒルダ刺繍部と揺光ホームの管理もシスタースの来日の目的でありました。陽当たりの良い大きい部屋に刺繍台を沢山ならべて美しい日本刺繍が教授され、シスタースからは教会で使われる刺繍と白衣の作りかたが指導されました

義務教育を受けた後にヒルダの構内に住むことになった子どもたちも、幼い時から揺光ホームにいたこどもたちも、刺繍部で技術を学び続けられた少女たちは、本当に良い機会が与えられたのだった。

「三人の刺繍部の卒業生」という写真がある。

この写真の主人公は五年間の学びを修了した三人で、三人の生徒の中央が根津八千代、左に同

年代の親しい友人が一七歳頃。右の女性はおそらく横田清子で当時三六歳頃である。

写真の後列左側はSrメリー・キャサリン Mery Kathrine で神戸ホームの滞在もあり、また彼女の作と思われるスケッチブックが残されている。右側はSrエディス・コンスタンス Edith Constsnsu Hamilton で一九〇七年カナダから宣教師ミス・ハミルトンとして来日、日本でヒルダ・ミッションへの献身を願い英国に渡り準備期間を経てヒルダの宣教師として再来日したのが一九〇八年のことである。当時のことを「日本聖公会五〇年の追想」として記したことは先述したが、彼女は香蘭女学校が麻布にあった時代に二年間教鞭をとっている。その後修道者としての召命を受け修道会に入り、のちにSrエディスとして再々来日した。以後被選霊母として英国に戻り、次の来日は支部長としての立場にあったのでSrスペリア（支部長）と呼ばれて親しまれることになる。

○指導的立場にあった日本人の女性

岡本房子（三二頁写真の後列右）のこと
シスターの右側に立つ岡本房子は、この写真の中では最も早くからミッション構内で生活していた女性である。彼女が身につけている白い帽子と十字架、そして白いエリの女学生のような服はエピファニー修女会の志願者服である。
岡本について『あかしびとたち』では、大森聖公会の信徒であった松本千をして、明治、大正にかけての宣教師や教役者がとった堅実な信仰教育を語り、聖書に裏付けられた公会問答の教育を尊重し、特に岡本房子女史ならびに吉田徳子女史の懇篤な洗礼、堅信の準備に生涯、負うところが多いことを感謝していた

と、婦人伝道師としての働きを伝えている。また『三光教会八五年史』（一九九七年十一月）では、

明治二年十月二十日麻布に生れ、幼にしてアーチディーコン・ショウ家に引き取られ、八歳のクリスマスに芝聖アンデレ教会にて洗礼を受く。ショウ師夫妻の愛育を受け、家族の一人として成長し、さらにミス・ホールの薫陶を受け、香蘭女学校の教師となり、特にクリスト教的感化を以て英人の働きを助け、音楽を以て礼拝音楽を開拓し、聖アンデレ教会に大いに貢献するところあり。…略…大正十三年九月より三光教会と大森教会の伝道師として働くに至り、実に熱心と穏やかさと且つ隠れたる働きを以て、死に至るまで、淡々として努めらる。…略…昭和六年（一九三一）三月十四日召されて世を去る。行年六十三歳。大森聖公会、三光教会は教会葬を以て厳かに葬る

と記されている。岡本房子については右記のようにオルガンの奏楽が素晴らしかったことが伝え

られているが、彼女が刺繍をしたかどうかについての記録には未だ出会っていない。しかし英語もオルガンも堪能だった彼女が、香蘭女学校の刺繍のクラスやヒルダ刺繍部の指導的な立場にあったということは、教会刺繍に関しても全く不得手ではなかったと思われる。

大江操（三二頁写真前列左端）のこと

穏やかでありながら凛としたたたずまいの大江操の姿はとても印象的で、岡本房子と同様にヒルダ刺繍部の写真のほとんどのなかに見ることができる。彼女は婦人伝道師であったが、元々の専門は裁縫であったようで、一九〇五（明三八）年の「略暦」には、弘前市山道町七番地「裁縫学校（生徒十人）」の教員の欄に大江操の名を見ることができる。

そののち仙台伝道女学館（後の青葉女学院）に学び、一九〇九年四月二三日付けの「基督教週報」には同校の卒業生（別科）として大江操（日光変容貌教会）の名が記載されている。

一九一〇年の要覧には宇都宮講義所、さらに水戸、助川、日光などで奉職されているが、揺光ホームの舎監として着任した経緯と時期は確認できていないが、その働きは一九四二年刺繍部の解散の時まで担い続けられている。当初わたしは、大江操の任地がなぜ東北、北関東、そして東京教区にと移ったのか不思議に思っていた。しかし、彼女が揺光ホームの働きに着任した頃は、これらの三教区は「北東京地方部」という一つの地域だったのである。そして最も考えられる着任の理由は、彼女の裁縫と刺繍を含むところの専門的な技能と指導力のゆえだと思われる。

エピファニー修女会が来日し、東京ホームでの働きが二〇年余り、神戸ホームでの働きを十三年ほど重ねた一九四一年五月、エピファニーのシスターたちは開戦のため日本から引き上げさせられ、航路が危険なため英国ではなく豪州に向かったのだった。

一九四一年五月二日付の「基督教週報」は次のように報告している。

〈ナザレ修女会〉

東京芝区白金三光町及び神戸市山本通りのエピファニー修女院の修女は、暫くナザレ修女會の三名の日本人修女に後事を托して、既報の如く豪州に赴かれた。

…豪州住所…

今迄通り静修を守りたき方、代祷、感謝を願ひたき方、又ウェファーの注文は左記に申し込まれたし。

東京市芝区白金三光町三五八

ナザレ修女会修女院宛

教会聖壇の装飾、サープリス、ストール其他の注文は左記に申し込まれたし。

東京市芝区白金三光町三五八

聖ヒルダ揺光ホーム　大江操宛

刺繍部解散　ヒルダ・ミッション構内前列中央　大江操　1942年5月

そしてこの記事の翌年、一九四二年五月ヒルダ刺繍部はその働きを終え解散し、更に翌四三年八月にはナザレ修女会もこの地を去ることになる。ナザレ修女会については後述するが、ヒルダ・ミッション構内に同修女会が誕生したのは一九三六年のことであった。この難しい時代にあって宣教団体の最後の働きを担い、かつ修女会と共にこの地を支えていたのは、この刺繍部の人たちであり、大江操であった。

横田清子（三二頁写真前列右端）のこと

横田清子について少し分かってきたのは、かなり後のことである。卒業式の写真のなかの彼女について八千代修女に聞いてもわからないまま、すでに六年ほどがたっていた。なぜ横田についてその姿が追えるようになったかは、彼女が写した「刺繍の図案集」にあるのだが、まず横田清子のことを紹介する。彼女のことは清子が婦人伝道師として職務を終えた徳島聖テモテ教会の史料によって、次のように知ることができた。

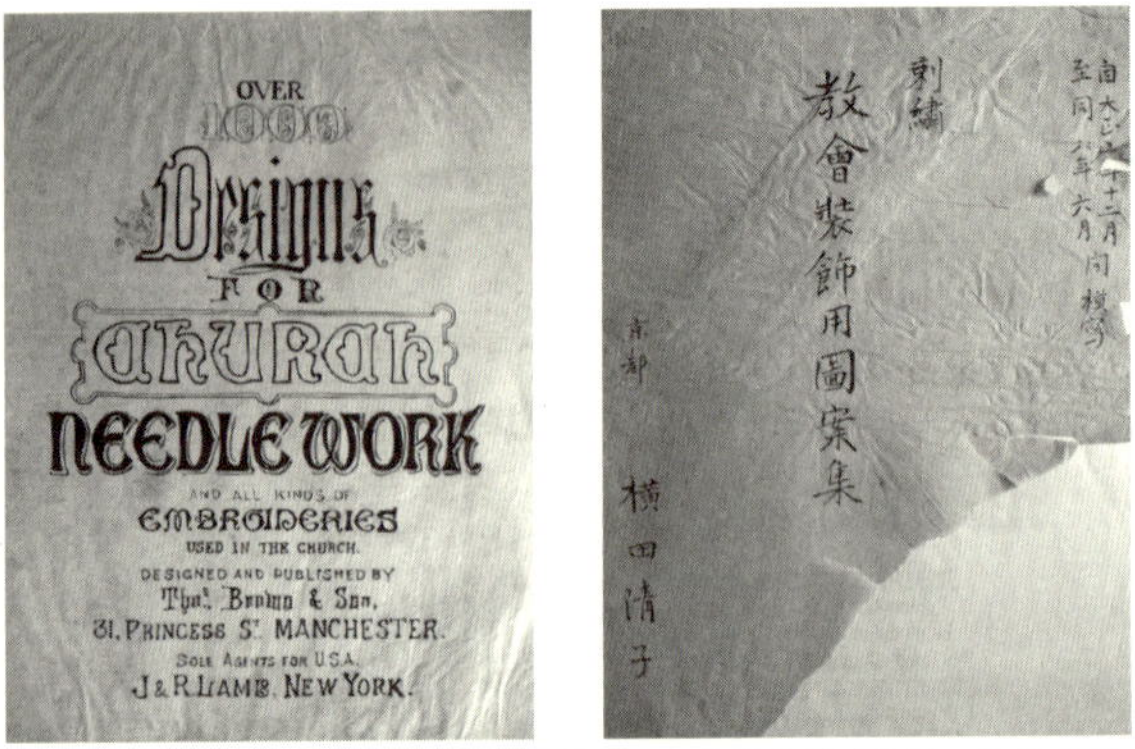

横田清子が写した『教会装飾用図案集』　大正５年12月～６年６月

一八八九年北海道函館市生まれ(一九〇二年まで、北海道地方部は函館地方部と呼ばれていた)。井口清子、八歳で香蘭女学校初等科入学、中学校を卒業、そのまま聖ヒルダ学院刺繍部の助手として働いていたとのこと。二十一歳で横田秋生と結婚、一九三三年横田金熊《キンユ》師と再婚、司祭である夫が逝去後に婦人伝道師として富岡永世教会、徳島聖テモテ教会で奉職、一九五六年に逝去。

同誌にはおそらく六〇歳代の横田清子婦人伝道師の写真が載せられている。まず糸口は教会誌に載った写真であるが、それが「三人の卒業生」の女性とおそらく九九%同一人物という推測をしたのである。卒業時の年齢は清子は三六歳、根津八千代一七歳ごろ、年齢差は二〇歳ほどであるから、八千代修女の友人の記憶のなかには入っていなかったとしても不思議はない。
京都にてと記された「刺繍の図案集」は、それまで思い描くことができなかった「刺繍部の卒業生」の姿を身近な人として引き寄せてくれたのだった。

横田清子が写した「教会装飾用図案集」のこと

Ａ四判より少し大きく一センチ強の厚さの、コピーものの「刺繍の図案集」を見たのは神戸の教会であった。刺繍の図案として随分楽しく拝見し、裏面に飯塚マリ子と記名があったが、その図案集の表紙（タイトル）や原本については気にすることもないままでいた。ところが神戸教区で奉職されていた婦人伝道師の飯塚マリ子（以下飯塚先生）お部屋に伺い、話をしながら見せていただいたのがそのコピーの元本で、図案集を手書きで写したものであった。薄い和紙が一枚づつ別の紙に貼ったものが束ねられた、手作りの「図案集」である。おそらく面相筆での作業で、美しくしっかりとした線で千種類の図案と表紙が薄い和紙にしっかりと黒い墨で写されている。そして面表紙を一枚開いたところに見たのが、横田清子の名前であった。

「自大正五年一二月　至六年六月間　模写
『刺繍　教会装飾用図案集』京都　横田清子」

その時にはまだ、卒業写真には思いが至っていなかったが、別件の作業で見聞きしていた名前である。早速そのことを婦人伝道師関係の作業を共にしている友人に話したところ、すぐに探してくれたのが先述した徳島聖テモテ教会の史料で、横田清子の経歴であった。

飯塚先生がこの「図案が写された和紙」を手にされたのは清子が亡くなられた後で、息子さんから「母の遺言です」といって渡されたそうだ。飯塚先生はボロボロにしてはならないと、印刷屋さんにお願いして紙を補強して一冊の図案集にし、その際に使いやすいであろう何点かを選んで刺繍を学ぶ人用のコピー版を作られたのだった。そのうちの一冊が回りまわってわたしの所にも届いていたのである。横田清子が再び母校に戻ったときにもおそらく所持し、刺繍部の人たちと分かち合い、そして彼女が伝道師として働いた後に、若い婦人伝道師であった飯塚先生に託されたことを思うと、本当に不思議な気持ちになる。

○神戸にあったヒルダ刺繍部のながれ

飯塚先生を訪れて知らされたことは刺繍の図案の出所だけでなく、神戸にはわたしが考えてもみなかったヒルダ刺繍部の流れがあったことであった。まず飯塚先生を訪ねたのはナザレ修女会のシスターたちに刺繍を教えていた各務孝子（ヒルダ刺繍部出身）が神戸に関係しているため、彼女についての話を聞くためであった。しかし飯塚先生から聞いたのは各務とは異なった女性の名前で、鈴木ハマ、高山秀野という昇天教会信徒であり、飯塚先生はこの二人から吉田照子婦人伝道師と共に刺繍を習ったとのことであった。そしてこの二人もまた、ヒルダ刺繍部の卒業生であったのである。

教会刺繍や裁縫関係の働きは信徒のボランタリーな働きであることが多いため、教区や教会の記録には残りにくいものがある。鈴木ハマと高山秀野の結婚や神戸に居住することになった経緯は分からないが、そこには、一九二七年には神戸にエピファニー修女会の支部が開かれていたこと何らかの関係があると考えても無理はない。

英国のシスターたちと生活を近くしていた刺繍部の生徒たちにとって、英国と日本、東京圏と関西圏という距離は実際よりは近くに思える親しさを感じていたことと思われるが、しかし彼女たちがミッション構内で学んでいた時代は、日本人「国家として一丸となる」社会へと追い込まれていった時代でもあった。多くの人々の生活が困難であった戦前、戦中、戦後、多くの女性たちにとっては子どもを産むこと、家族を守ることを求められ、個々人の意識とは全く別次元で現存する「ジェンダー」規範がいかに強かったことかと思われる。規範の強化と、急激に変化する国際関係の中にあって、刺繍部の卒業生はおそらくヒルダでの自分の体験を家族とも共有することは少なかったのではないだろうか。

ハマさんは刺繍をしながら「小さい時から教えて頂いていた」ことなどを婦人伝道師になって間もない飯塚先生に話をされていた。秀野さんもご自分の家族には話されていなかったようだが、

婦人伝道師である飯塚先生には刺繍を教えながらなにげない話をされていたようである。ヒルダ刺繍部の働きはエピファニー修女会の支部があった神戸の地においても静かに伝えられており、また各務孝子の作品は今でも岡山聖オーガスチン教会に、鈴木ハマの作られたものは姫路顕栄教会に保存されている。

神戸ホームの祈祷室　1927 年より

三　エピファニー修女会神戸ホームについて

来日したエピファニー修女会が神戸ホームを置いたのは一九二七年のことで、東京に支部を置いた七年後のことである。場所は神戸区中山手通二丁目二一番。松蔭女子学院史料八集の地図（一九三七年発行の神戸市市街地図）には「ミス・リー旧宅（元、エピファニー修女院神戸支部）」と記載されている。

「要覧」によると一九二九年にはSrエレナ・フランセス（E.Frances）とSrエレノア（Eleanor）の二人が生活しているが、修道院の欄に支部名としては記載されていない。修道会の欄に神戸支院と記載されているのは一九三〇年以後のことでSrメリー・キャサリン（Mary Katharine）、Srエミリー（Emily Marion）、Srマーガレット（Margart）が在住している。

○『バジル書簡』より

神戸教区にある資料について聞くため教区事務所を訪ねたところ『バジル書簡』の上下をいただき、非常に興味深く拝見した。書簡は当時、神戸地方部の主教であったバジル・シンプソン師から「在英の神戸後援会」に送った書簡集 *KOBE LETTERS* を、神戸教区の歴史編纂委員会が翻訳、発行されたものである。手紙四二通で（上）*The Fellowship Letters*（発行一九八五年）には書簡一号（一九二五年）から第二二号（一九三一年）まで。（下）*Letters to the Kobe Fellowship*（発行一九八七年）には第二三号（一九三一年）から第四二号（一九三七年）が載せられている。

エピファニー修女会神戸ホームは、バジル主教の熱心な招きによって実現しているが、その願いが実現した第一歩の様子、また修女会の働きを望んでいる主教の思いを東京ホームの報告とともに見ることができる。

一ヶ月ほど前のことですが、エピファニー修女会の将来についてはっきりしたことが決定しました。来年夏の終わり頃に神戸に支部を開設する計画をたてました。先日、東京在住の霊母が適当な場所を検討するためにこられました。…

一月二日、新年の第一日曜日に私は再度上京しました。……その日の夜、私は修女会の近くに宿をとり、その時から顕現日の朝まで婦人伝道師の方のためのリトリートを指導しました。三〇人を越える参加者があって、多くの良い告解を聞きました。これは修女会が日本にあって行っている素晴らしい働きの一つです。　一九二七年　顕現日の八日目

バジル主教は書簡で、修院は教役者にとって、働きを為すために必要な場であったことを度々記しているが、神戸ホームは日本に働く教役者だけにではなく、アジア地域で用いられていることを報告している。左記の文はフィリピンやオーストラリアなどからの訪問者も記され日韓中の様子が感じられる。

米国神父、スペンス・バートン修道院長が、日本に二ヶ月ご滞在になり、中国へおいでになる途中神戸に一日ご滞在になりました。おいでになったのは、韓国のセシル主教のご指導で、私の家での司祭静想会が終わったばかりのときでした。セシル主教は、ご親切にこの静想会のためにと、私が九月に韓国を訪問したお返しにおいで下さったのです。いつも、新年

早々にここで司祭の静想会を、そして同じ時期に、東京のエピファニー修女会本院で婦人方のための静想会をしようと企画しています。静想会、黙想会をという風潮は、着実に日本に広がりつつあります。事実、最近ある司祭が、流行しすぎる恐れがあると話していたほどです。　一九三四年七月九日

後にエピファニー修女会のシスターになったミス・ローレンスもナザレ修女会の修女になった岡上千代も、おそらく神戸ホームを訪れていたと考えられる。

○ヒルダ、エピファニーホームの残り香

バジル主教は病気のために日本を去らざるを得ず、書簡は一九三七年で終わっているが、シスターたちの神戸での様子は、日本語で読めるものとして「バジル書簡」以外にあまり見ることができず、この書簡集は日本におけるエピファニー修女会の記録としてもとても貴重なものである。神戸ホームの記録があまりないことの理由の一つに、シスターたちが通っていた教会が主に外国人会衆のオール・セインツ（諸聖徒）教会であり、今は残っていない教会であることは大きな要因の一つだと考えられる。オール・セインツ教会の写真をわたしは未だ見たことがないが、古い神戸の町の写真集のなかにかろうじて確認することができた。教会の様子については、神戸聖ミカエル教会の牧師であった八代欽一司祭が、『神戸っ子』という月刊誌で、次のように紹介して

いる。

オール・セインツ・チャーチ

トア・ロードの今は税務署の所に、明治卅一年、在神英国人のための教会として設立された。蔦のからむ赤煉瓦の教会で、うす暗い聖堂は美しいステンド・グラスをとおすボンヤリした光で落ち着いたムードがあった。パイプ・オルガンの演奏のもとに幾組の外国人カップルが結婚したことか。…一九三七年のある日、交戦中の英、仏、独、伊その他のヨーロッパ人がこの教会で、世界平和のための祈祷会を行ったそうである。遠く離れた異国の地、神戸で祖国を思う人々の胸中を察する。

その後、日本も戦争突入、そして戦災で教会は焼失、復興せぬまま今日にいたった。（一部抜粋、『神戸っ子』一九七六年十一月号）

神戸の町は戦争によって建物が壊されただけでなく、住民もいなくなり、オールセインツ（諸聖徒）教会は信徒たちとともに消えてしまったわけである。以前は中国や朝鮮で働く宣教師たちや信徒にとっても立ち寄りやすい港町だったが、アジアの国々との関わりも変わり、その記憶さえ町には残っていないように感じられる。オールドコウベ特集「神戸残影」のシリーズに書かれたこの文は、神戸に住んではいても戦前の町のイメージをもつことができなかったわたしにとっ

エピファニー修女会の十字架

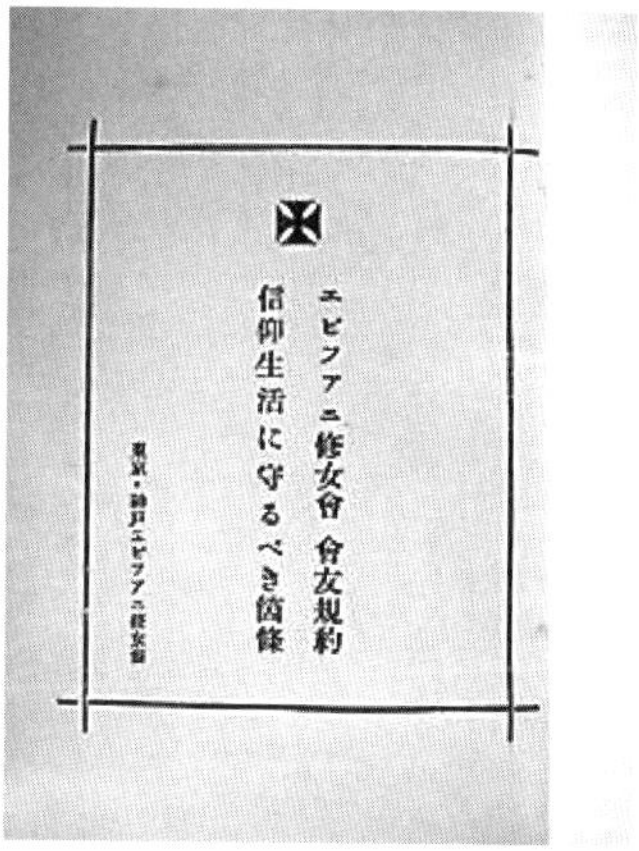

会友の手帳　11.2 × 8.4cm

ても嬉しいものであった。

亡くなった義母（悦子）のものを整理していて、エピファニー修女会神戸ホーム関係のものを数点手にすることとなった。一九九五年の阪神淡路大震災も経ているので荷物も多くはない。ゆっくり整理をしていこうと思っていた箱のなかの、本当に大事なものが入っていそうな小さな袋のなかに、エピファニーの小さな手帳と、何通かの手紙があった。英語で書かれたシスターからのもので、山村悦子宛三通（一通は豪州より）、結婚後の角瀬の名で一一通、また戦後若くして逝去した母の姉の山村久子宛三通（一通は豪州から）、全部で一七通の手紙が入っていた。

英語の文であり個人的なものではんの少し目を流しただけだが、シスターの手紙は悦子さんの歩みが神様に守られていることや、何時も祈りのうちに覚えていますよといったことなど、義母が出した手紙へのお礼と励ましに満ちている。おそらく義母は、仕事や生活で直面している様々なことをシスターに手紙を書くことで、乗り越えていたのではないだろうか。そしてもしかしたら、それが日本語ではなく英語だったからこそ書けたのかもしれないと私は思っている。

またそれらのなかに、A五判ほどの小さな便せんの一枚に、両面をつかってビッシリ書かれた日本語の手紙があった。姉の久子から、悦子宛の手紙で、その中には次のような一文がある。

教会の前で話すエピファニーのシスター　1930 年代

十六日は丁度北関東地方部保姆会が立教大学内で開かれます…ライフスナイダー監督御司式聖餐式…。それでエピファニーホームへは日曜日の午後にまいりましょうと存じています。今度の上京は本当にうれしいことばかりです。　十月九日夜　久子

かつて神戸にいたシスターが東京ホームにいたのかもしれない。たとえそのようなことでなくても、久子は東京のエピファニーを訪れることを、いかに心待ちにしていたことかが記されている。当時久子は芦屋聖マルコ教会の幼稚園に、悦

子は神戸の昇天教会の幼稚園に勤めていたが、二人がエピファニー修女会神戸ホームに親しく通っていたことが伺われる。

また手紙と一緒に包まれていた小さな手帳は「修女会の会友規則」で、表紙にエピファニーの星、内表紙には「エピファニー修女會　會友規約　信徒生活に守るべき箇條」「東京・神戸エピファニー修女會」とある。一頁目には次の文が記されている。

英国に於けるエピファニー修女會は、多年の間、之れと関係をたもちて自身の霊的生活を強め、且祈祷と個人的奉仕とによりて修女會を援助するものを、会友となし来たれり。我邦に於ても、本修女會の働きにつらならんと欲する婦人諸姉のために、会友制を設く（本規則ハ東京・神戸両監督の許可を受く）

また義母のアルバムを繰っていましたら、一枚の写真が他の写真の後ろに差し込んであった。何回も見ていたアルバム（ノート）なのに、気がつかないでいたが、それは神戸でのシスターたちの写真であった。背景に日本庭園相楽園の塀があるので、写っていない写真左側は神戸聖ミカエル教会（現在地より山側で、今は保育園）で、教会の前での風景である。年月も誰が写っているのかも分からないが、背景から考えても戦前の神戸ホームがあったころの写真である。

婦人伝道師も牧師の妻も、自分自身の経験について多くを語ることはない。また信徒の働きとしても子育てや台所仕事の類いである教会での女性たちの働き（子ども向けのプログラムや聖卓まわり）は、日常の茶飯事として記録されにくいものである。

しかしそれでもなお、不思議なことに先達たちの姿は伝えられている。鈴木ハマや高山秀野は刺繍をしながら、その体験を婦人伝道師になった飯塚マリ子に話し、また飯塚マリ子に託された「教会装飾用図案集」は、横田清子の人生を思いおこさせ、ヒルダ・ミッションの働きやその時代を伝えているように感じられる。奇遇にもわたしはエピファニー修女会に親しく通っていた人と出会い、彼女が九二歳で逝去するまでの一〇年ほどを共に過ごすこととなった。そして、彼女が大切にしていたシスターからの手紙や会友の手帳は、神戸にあったエピファニーホームが教役者にだけではなく、教会の若い信徒たちにも親しまれていたことを確かに伝えている。

第三章　ヒルダ・ミッションとエピファニー修女会

一　ヒルダ・ミッションの特色

○設立者ビカステテス

ヒルダ・ミッションの設立者エドワード・ビカステテス（Edward Bickersteth, 1850-1897）主教の来日は一八八六年四月のことであった。日本の駐在主教に選任された時のビカステテス司祭は、すでにインドのデリーで働いた体験を経ていて、再びデリーへと向かう準備の最中であった。ビカステテスのインド宣教について、『はこぶね』〈日本聖公会宣教百年記念号〉のなかの「エドワード・ビカステテス主教伝」より紹介する。インドへ派遣されるという記述は一八七五年からの記事で、一八五〇年生まれのエドワード・ビカステテスが二五歳のときの出来事である。

ビカステス師がベンブリーグ・カレッヂの神学科講師として勤務していた時のK・V・フレンチ司祭…一年後に北印度のラボァーの主教に聖別された…とのめぐりあいこそ、師をして、印度へと眼を向けさせた直接の原因であった。即ち、フレンチ司祭は、インド伝道に大志をいだき、北部印度にケンブリッジ大学出身者の教団であるミッションを設立しようとの企図を持ち、計画していた人であったが、その熱心に答えた一人が彼であった。即ち、師は一八七五年、宣教師を志望し、一八七七年の始めに至り、師の宣教事業のための志願はケンブリッジ大学より宣教的ブラザーフッド（同胞団）の開拓者としての派遣となった。…略…

さて、師の印度での働きの地は、北印度の大都市デリーであった。デリーは宣教師アール・ウインター司祭が長年月奮闘しつつあった処であった。師が一八七七年デリーに到着後、ウインター司祭は間もなく英国に行かねばならなくなったので、その間一八七九年に帰国するまで、デリー・ミッションの事業は全部師に委ねられた。又、ケンブリッヂ・ミッションの事業は一八七七年十二月より五年半の間、その首長として、デリーで働き、ケンブリッヂ同胞団の生活を組織化した。

宣教団のメンバーを志願し、さらにインドにおいては首長としてその才を発揮したビカステスであった。彼の組織力は日本においてアンデレ、ヒルダ両伝道団の設立だけでなく、日本聖公会の組織成立に大きく関わっていくが、宣教者ビカステスのさらなる特質の一つは異文化世界で働く者としての基本的な姿勢であった。白井堯子のミス・フィリップス（Erinor Gladeys Philipps）の研究論文にはその宣教理念が次のように記されている。

一八七〇年にケンブリッジ大学の神学の教授に就任した著名な聖書学者のウェストコット（Brooke F. Westcott）は、英国国教会の東洋伝道において大学が果たさねばならない使命を熱心に説き、西洋とは異なる歴史、文化、宗教をもつ東洋人にキリスト教を伝道するには、東洋の古い信仰を深く理解すること、東洋人独特の宗教本能に心から共感を抱くこと、キリスト教がもつ社会的な力を明確に理解することが必要であり、東洋伝道という困難な仕事の最前線に立てるのは、ケンブリッジ・オックスフォードの大学人だ、と檄をとばしている。

…略…この考えに強く影響されたのが、ビカステスであった。

右記のようにウェストコットの東洋伝道という志に若きビカステスは共感し、さらにその数年後にフレンチ司祭との出会いによってインドでの宣教活動を志願し伝道団を組んだのであった。しかし派遣され五年半を過ぎた頃、彼は赤痢にかかり一時帰英することを余儀なくされる。そして健康を回復した後、再びデリーへと出発を準備していた一八八六年に、日本の駐在主教に選任されインドへ戻ることを断念することになる。彼にとっての病と任地変更の体験は、他者と共に働く「協働」ということがいかに重要であるかという信念となり、生涯を通じての働きに繋がるものとなったのではないだろうか。

このようにして、日本はインドでの宣教経験をもつ駐在主教を迎えることとなり、来日したビカステスはインドにおける大学伝道団にならって、アンデレ、ヒルダ両伝道団を結成したのであった。

○アンデレ、ヒルダ両伝道団の特色

チームを組んでの働きと東洋伝道での基本的姿勢は、ビカステスが結成した宣教団の特徴でもあった。働きの成果としては報告されることはないそれらのことは、ビカステス在任中に日本を訪れ、主教邸に滞在していたイザベラ・バードの次のような記述に垣間見ることができる。

主教が英国人と日本人の牧師・執事を分け隔てされないのに気づき、大変うれしかったものです（一七四頁）

師は…目先の事柄ばかりに没頭することがないようにできたのも同様です。これらのことは伝道活動にはびこり、それを実りなきものに変えてしまいがちなのです。これほど明るい気分に満ち、調和のとれた伝道会にであったことはありませんでした（一七四頁）

バードは海外で働く宣教師たちが往々にして東洋人を見下していたことや、働きに没頭するあ

東京都麻布区永坂町１番地のヒルダ本部

ヒルダミッションのチャペル　1910 年

まり向かうべき方向から逸脱した宣教師たちがいたことを告げながら、「調和のとれた」という言葉で伝道団の雰囲気を伝えている。さらに彼女は、働きながらも働きに飲まれない調和（バランス）について、そのペースには「来るべき世の力をいただく」習慣があったと同書に記している。

師が…政治的・社会的運動を接触を保ちながら、また、教会の仕事と家庭の管理をこなしながら、苦労の多い生活を送る中で何とか余暇を見つけ出されている点には日々驚くばかりでした。…略…「来るべき世の力」をいただいて暮らすことが長きにわたって師の習慣になっていることから生まれているのだということを強く感じるようになりました（一七八～九

頁）

「来るべき世の力をいただく」ということに関しては、伝道団に伝えられたリトリート（修養祈祷日、退隠静養会）という習慣に現れているとして、今井寿道は次のように伝えている。

氏の霊的生涯の特色は、確実なること、規則正しきことなりしが故に、修養祈祷日等の有効なるを知りて、最初より修養祈祷日其の他類似の効力あるものを紹介し、本英国に於いて其の当時既に普通の事となりつつありしこの敬虔なる生涯の実習に参加するの特権を、氏の共労者にも得しめんと勉めたり。氏は曾て「若し是等のものにして英国に於いて必要なりとせば、印度に於いては更に必要なりと予は信ず。ミッションの生涯は非常に繁忙にして、元来黙想及び祈祷の精神を涵養する余暇の如きは殆ど無きが如くに見ゆ。故に短時日の間時々伝道上の任務より全然離るるはミッション其の物の為誠に願わしき事なりと思う」と述べられしことありき。是は本ミッションの事業中、其の後絶へず保持されつつある顕著なる特色なりとす（一八～一九頁）

また「一八八七（明治二十）年十二月より一八九六年十月にいたる間、聖アンデレ館及び聖ヒルダ館に於ける二九回の退隠静養会及び修養祈祷日の為に準備したる草稿中に見ることを得べし」（九八頁）と、ほぼ毎年、二回ずつの機会をもっていたことが記されている。

二　ヒルダ・ミッションの新ルール

今井はヒルダ伝道団に関しては発足して数年後にその指導を英国のエピファニー修女会に依頼していることを同書で次のように記している。

　これら二個のミッションの設立は、監督の創意発案に由りしものにて、最初数年間は、監督自ら此両ミッションの生活及び事業の細目に至るまで監視指導せられたり。聖ヒルダ・ミッションに至っては、英国ツルローのエピファニー教団の創設者たる婦人の努力、同情、検索を多く受けられたり。該教団と当地方部との連鎖は、年月の進むに従ひて愈々強固となり、今や友愛、祈祷、共助等容易に破壊す可からざる三重の紐にて結合さるるにいたれり。（四二一～四二二頁）

ヒルダ・ミッションの指導をエピファニー修女会に委ねたことで、同宣教団と修道会は「三重の紐にて結合さるるに至った」ということである。はたしてそれはどのようなことだったのか興味深いが、『ライフ＆レター』には「アンデレ宣教団に関しては、デリーのケンブリッジチーム

ツルローのエピファニー修道院

と同じ路線で働くことができたが、女性の宣教団体では、どうも思うようにいかない。簡単な約束ごとはあったものの、ヒルダ・ミッションに関しては一八九二年に、あえて新しいルールを置いたのだ」と記されている。内容的には、入会希望者として認められた人は「ツルローのエピファニー修女会の修院に六週間滞在すること」また「エピファニー修女会はミッションのメンバーの祈りによって覚えられ、また彼女たちはシスターたちによって毎日祈られること」。

さらに「少なくとも二ヶ月に一度はチャプター（chapter：修道会や伝道団の総会）を開くこと」や「礼拝は宣教館において朝、正午の礼拝（セクスト）、一日の終わりの礼拝（コンプリン）を唱えること」「宣教館の通路や階段では、できるだけ沈黙を守ること」「充分な運動、くつろぎ、食事、休息をとって過重労働をさけること」そして「六年の働きの後に、一年は英国に戻り休暇

ミス・リカーズ

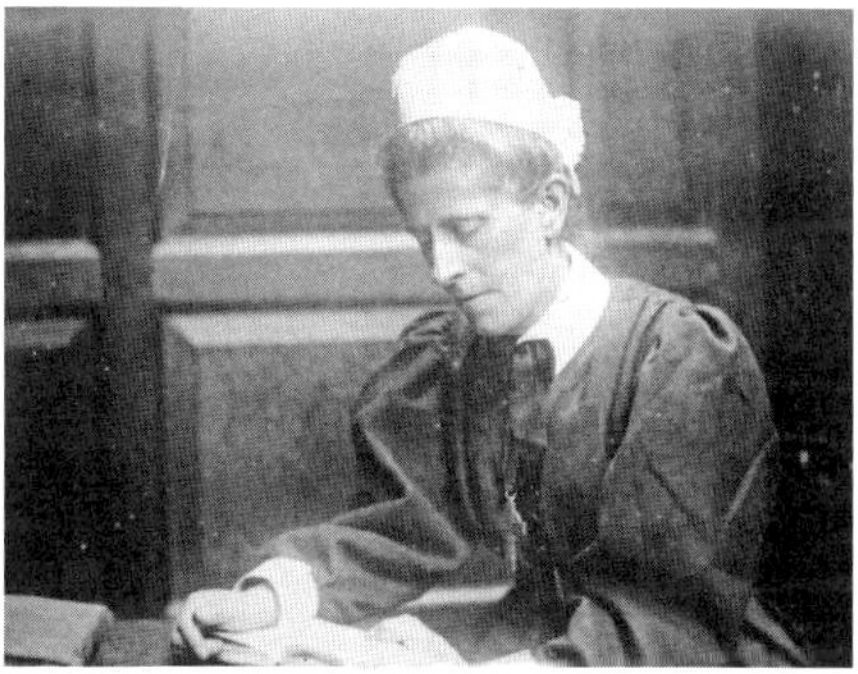

ミス・ソントン

をとること」（一九三〜一九四頁）などが明記されている。

ビカステスがあえて新しいルールを置いたことについてはまた触れるとして、最も初期の時代、ビカステスの在位中（一八八七〜一八九七年）英国から来日したヒルダ・ミッションの幾人かの女性について記しておく。一八八七年（明治二〇）十二月に宣教団の最も早い宣教師としてミス・ソントンとミス・ヒックスが来日しビカステス主教と共に、ヒルダ伝道団を発足する。

『香蘭だより』に記載されたギルドの年次報告ではミス・ソントンは「伝道の責任者」であり、一八九一年にはミス・ブルック（E.Bullock）が「聖ヒルダ・ミッションの長」、一八九二年にミス・ホーガン（Flora Hogan）が来日、一八九四年にミス・リカーズ（Hilda Mable Rickards）が来日して「香蘭女学校の責任者」にと記されている。

なお同誌には宣教師ミス・ホア（Alice Elenor Hoar）が「気にかけていた二人の高齢の女性」を自宅で面倒をみていたが、

ミス・ホーガン　ヒルダ・ミッション本部

「ミス・ソントンと協力し、ビカステス主教の許しを得て一八九五年十月一日、芝の地に老人収容施設を開設した」と記されている。ミス・ホアの滞日は一八七五年から九七年迄のおよそ二十二年間であるが、高齢となった女性たちとの関わり、という課題を最後に残していた。ミス・ホアはミス・ソントンの協力を得て一八九五年から帰英までの二年間、ヒルダ構内でその働きを続けたようである。

『社会事業一覧』では「ミス・ソントンが、其個人的事業として、明治二十八年（一八九五）十月一日…扶養者なき老女二名を救護したるに始まり…明治三十一年五月現在敷地（麻布区龍土町六十二）百八十九坪余を購入して、六十二坪の家屋を新築し、常に十四五名の老女を収容し来たりしが…」とある。『日本聖公会史』では「明治三〇（一八九七）年聖ヒルダ伝道団の事業として、東京麻布永坂町に於てナース・ガートルード、婦人養老院を設く、明治三一年（一八九八）に院を芝区西久保八幡町に移しミス・ホーガン主任となる…。明治三十五年に麻布区龍土町六十二番地に移る」（二四八頁）と記されている。

○二人のホアとヒルダ・ミッション

ミス・ホアの滞日期間は、ちょうど『ＳＰＧ二〇〇年史』の最後部に含まれている期間であるが、同書に興味深い記述を見ることができる。アリス・ホアの働きを評価しながら、その段落の後半では、女性たち（おそらくホアも含めて）の働きに関して「トップにある人たちの家庭内の生活に将来大きな影響を及ぼすことが目的であったが、この企ては必ずしも成功したとは言えない」（七二二頁）との内容である。これは、具体的には一体どのようなことを指しているのか『ＳＰＧ二〇〇年史』の記述をヒルダ・ミッションとの関わりのなかで考えてみた。

アリス・ホアが来日した当初の様子が、『福沢諭吉と宣教師たち』のなかに紹介されているが、来日して一年半ほど福沢諭吉の家に滞在していたときのことである。

ショウの紹介でミス・ホールという婦人の宣教師がしばらく先生家の二階に寄宿して家庭教師をしていたことがある。非常に熱心な宗教家で、後に飯倉付近に住み、乃木大将夫人、後藤新平夫人等、此人の薫陶を受けた上流夫人が少なくなかった。ホールが先生の家に居たとき毎朝祈祷をする折、何卒下に居る悪魔共の罪を赦させ給へと、頻りに悪魔悪魔という言葉を口にする。悪魔とは誰のことだと聞いてみると、それは私はじめ福沢の家族のことであるというので、これには甚だ驚いたが、併し其の熱心には関心したと先生が語られたことがある。

ここに現れている彼女の言葉には多少違和感を覚えるものの、彼女が祈っている言葉のなかには、派遣された地での緊張感や意気込みなどが漂っているように感じられる。

ホアは一八七五年に英国の Ladies Association から派遣されているが、当時SPG系の女性の宣教師としては一人であった。来日したホアは「ショウの紹介で」福沢邸に居住することになるが、A・C・ショウが福沢邸から芝に移転したことを期に、ホアも芝の家に移っている。一八八六年に従姉妹のアンネ・ホア（Anne Hoar）が来日して合流、翌一八八七年からはヒルダ・ミッションが発足し、その協力を得ている。そして一八九一年、ビカステテス主教が新しいルールを置いた前年のことである。

おそらくアリス・ホアとアンネ・ホア。
後列中央は岡本房子。前列右側は橋口フミ

「バンクーバーより横濱への乗船者に多数宣教師及び友人等乗船ありき。…ミス・ホア、ミス・A・ホア…など同じく乗客中にあり。」と今井は『ビカステス』（五四頁）中に二人のホアの名を記している。

そして六年を経た一八九七年、彼女たちが帰英する時のことを「日曜叢誌」は、次のように記している。

二女史の帰国：単身故山を辞して我国に来た十有余年間一日の如く伝道と教育に尽力されたるアリス、ホアル女史及び数年前より全姉を補佐して淑女の教育に熱心なりしアンネ、ホアル女史は七月五日チャイナ号にて帰英せられたり、両女史は従兄弟にして一心同体の如くキリストに事へ日本婦人にして薫陶奨励を蒙れる者甚多しアンデレ婦人会、婦人英語会、日曜学校、聖書朗読会とはことに両姉の力に拠れるもの大なりき吾人は深く両姉に謝し且つ航路の安全を祈る[22]（ホアルとはホアのこと）八号（一八九七年）三六頁

右の記事には二人のホアを見送る人々の感謝と親しさが感じられ、先に記した福沢邸でのアリス・ホアから受けるイメージとはかなり異なっている。

二〇余年を経て来日初期に関わったトップクラスの女性たちとの交流がなくなったとは思えないが、ホアの滞日後期の働きは婦人会や日曜学校、そして高齢となった女性たちとの交流であった。ヒルダの女性たちにとっても一八九一年の濃尾地震後の孤女院、アリス・ホアとの協働であるヒルダ養老院の設置など、女性たちは多くの課題に対処し始めていた時代である。またその頃にヒルダのルールが改めて置かれたことなどを考えると、その働きに忙殺されるほどに彼女たちの働きが必要とされる現実があったことが推測される。

二人のホアと彼女たちを送る日本の女性たちの姿、また協働したヒルダの宣教師たちの働きを

思い起こすと、『SPG二〇〇年史』の「必ずしも成功したとは言えない」という微妙な評価には違和感を覚えざるを得ない。果たして具体的に何を指すのか明言されてはいないが、わたしは次のような背景があるのではと考えている。

①女性の宣教師や婦人伝道師が担っていた働きは、社会的な働きとしての評価が低かった。

②日本の女性たちが質的に高い教育を受けたとしても、その能力を発揮出来る場が当時の日本には少なく、働きの成果が見られなかった。

③派遣されて現場（宣教地）に立った者と、遠い地（英国）において報告を受ける者との間に認識のズレが生じていた。

④派遣された女性たちが日本の現状に出会い、日本において成すべき働きが自ずと変化していった…などである。

ここには、二〇〇年の働きの成果を確認したい英国の宣教団体と、始まったばかりでありながらキリスト教伝播の困難さが増してきていた日本という、それぞれの国家的な背景もあったと考えられる。

○ミス・フィリップス

ケンブリッジ大学では海外宣教への使命感が高かったことを先述したが、ヒルダの宣教師ミス・フィリップスもケンブリッジ大学の出身であった。彼女が来日した時には既にビカステテスは逝去していたが、彼女の入学は一八九一年とのことであるから、来日以前に設立者ビカステスの思いを直接に聞く機会があったと思われる。

フィリップスはエピファニーの修道院で六週間を過ごすなど宣教師としての準備を経て、一九〇一年十一月に来日、麻布のミッション構内で香蘭女学校で教鞭をとることになる。

フィリップスの着任当時について、一四才で香蘭に入学していた卒業生は「校庭にはシーソー一台とブランコ二台あって毎日順番待ちで楽しんであそびました。ミス・フィリップスが来られてからは皆で張切ってホッケーをしたり、テニスをしたり致しました。当時は体育も理科も英語で教えて頂きましたのでほとほと閉口しました」と『春秋の香蘭』創立九十周年記念号（一九七八年七月十日発行）に思い出を綴っている。

日本女子大学の開校は一九〇一（明治三四）年で日本でも女子の高等教育が望まれていた明治時代後期、フィリップスは一九〇三年四月から同校英文科の教授に着任している。日本女子大でのミス・フィリップスについて、

活発であった英国に於ける女子大学拡張運動の紹介をした以上に、その純粋な信仰を基盤においた人生への態度、社会的な姿勢であったように思われる。社会事業部の創設前は、社会福祉の先駆者として活躍した卒業生の多くに、英文科の出身者が多かったという事実のひと

つの理由に、ミス・フィリップスの影響があったと推測される。（一九八一年三月三一日発行）

と、『日本女子大学福祉学科五十年史』はその働きを伝えている。自然科学を専攻とし、授業では英語を教えていたフィリップスの教え子たちが、日本の社会福祉の先駆的な働きに活躍しているという報告は興味深いことである。

さらに、日本女子大学で教鞭をとっていたミス・フィリップスがキリスト教的教育を尽くすために学生寮設置の必要を説き、大学に近い雑司ヶ谷に一九〇四年に開設したのがヒルダ・ミッションの働きとしての暁星寮（先述）であった。

暁星寮、左よりミス・チョーブ、岡上千代（後に Sr. 千代）、ミス・フィリップス

白井は「この寮こそ、フィリップスが三七年間にわたり、学生と起居を共にしながら全身全霊を捧げてキリスト教伝道という重い使命に献身した中心的場所」であったとし、フィリップスの足跡を残している。

寮生以外の女性向けのバイブル・クラスも開かれ、日本女子大学校の学生、教師、あるいは近隣の女性たち誰でも望む者すべてが受け入れられた。そしてまた後には、この場所で、クリスチャン寮生によって子供たちのための日曜学校や、暁星寮の真前に設立された東京盲学校（現在の筑波大学付属盲学校）の生徒に対するキリスト教教育が開始されたのである……暁星寮は、まさに二〇世紀初頭のユニークなキリスト教伝道の場であった。

フィリップスは二九才で来日、一九四一年戦争で帰英を余儀なくされるまでの四〇年間日本の女子教育に尽力、一九六五年に逝去される日まで日本のために祈られたと聞いている。

左より岡本房子、Sr ドロセ、ミス・ローレンス（後のSr. フランセス）

○修道生活を志願する宣教師

ビカステスが設立したアンデレ、ヒルダ両伝道団の在り方は、共に修道院的なものであったが、アンデレ伝道団はメンバーが教会の牧師としての役割を担っていくことなどで、伝道団としての結束を保つことは難しくなっていったようである。

一方ヒルダ伝道団では、日本での課題がより明確になってくるなかで地道な働きが続けられ、また修道生活への志願者も生まれている。

同伝道団からエピファニーの修女になったのは香蘭女学校の責任者であったミス・リカーズ（後にSrヒルダ・メー

ミス・ハミルトン
1908年頃

ベル）の他に、一九〇七年に来日した後ヒルダの宣教師志願をしたミス・ハミルトン（後にSrエディス・コンスタンス）、一九一三年から二六年まで香蘭で教鞭をとっていたミス・ウイリアムス（Theodre C. Williams 後にSrセオドラ）、一九一六年の略歴に記名のあるミス・ヤング（Young Dorse 後にSrドロセ）の四人である。

さらに日本にエピファニー修女会の支部が設置されてからのことだが、日本で働いていた二人の宣教師が修道会に入り、シスターとして再来日している。その一人は英国CMSの宣教師として呉神愛教会（一九一九年来日）で奉職していたミス・ローレンス（Frances Hilda Lawrence 後のSrフランセス）である。

もう一人は米国聖公会の宣教師ミス・マギル（Mary Elizabeth Buchanau McGill 後のSrメリーエリサベツ）で来日したのは一九〇八年、一九一八年より平安女学院で教鞭をとり、同校でGFS活動を紹介している。ミス・マギルは草津のハンセン療養所に一九二四年には既に通い始めているが、一九二八年から草津聖マーガレット館の舎監となり、草津でもGFS支部活動を指導している。エピファニー修女会との出会いはおそらく草津で、SPGの宣教師コンウォール・リーを通してか、あるいは草津を訪ねていた修女たちとの出会いと思われる。

エピファニー修女会は英国のSPG系の修女会であるが、カナダ出身のSrエディス・コンスタ

草津の夏季聖書学校。中央にコンウォール・リーと左はミス・マギル　1929年

ンス、英国CMSメンバーだったSrフランセス、米国宣教師だったSrメリー・エリサベツと、同じ英語圏でも異なった文化をもつシスターたちの信仰共同体であった。修女会と訳されている言葉はコミュニティー（COMMUNITY）であり、修道院は地域的な文化を超えた、修道会としての文化があるといえる。

三　エピファニー修女会の日本支部

○東京支部開所に際して

エピファニー修女会の渡日への願いと日本からの要請もあったにも関わらず、その実現は先述したように三〇年を経ていた。実現までには一九一三年、日本への要請がセシル主教（Cecil Henry Boutflower）によってエピファニー修女会への要請が再開。それ以降、修女会を迎えるためにセシル、マキム（JohnMckim）の両主教が、他の主教や日本聖公会の教役者たちの理解を得られるように尽力されたこと。またエピファニー修女会に、ヒルダの宣教師として働いていた四人のシスターが生まれていたことを忘れることはできない。

そして、ついに同修女会の来日が一九一九年に実現することになった。エピファニー修女会の東京ホームが置かれることに関して、『基督教週報』（一九一九年十一月七日）では、次のように報告・紹介されている。執筆者は東京ホームの初期の五年間チャプレンをしていたスウィート（Sweet）司祭である。

修道女の生活（承前）

エピファニー尼僧団は三箇の主義を標榜して居る

1）主イエスに対する熱心な帰依、

2）公会に対する全ったき忠誠
3）僧団の教区的性格
（彼女等は監督の許可無くしては、他の教区の内で働く事能わず）
抑も此等エピファニー尼僧団の三箇の主義はセールのフランセスの精神に依って…
…略…

S. Hilda's Chapel Sanko cho Tokyo　1961 年（戦後、再来日した時の礼拝堂）。聖卓の両サイドの絵は 1920 年代に描かれたもの

要するにエピファニー修道女団の本領は前掲の三大主義に言い現されて居る而して箇々の修道女を結ぶ紐は貧困、貞潔、服従に関する宣誓そのものであり、其の霊的生命の呼吸は不断の祈祷そのものであり、其の心霊の糧は恵の聖典そのものである。

エピファニー僧団の模様はざっと以上の如くである。セシル監督も此の新来の修道女団の働に対し公然の許可を与えられた。思うに、今後、この邦土にあって、彼女等は、恰かも暁を告ぐる鐘の昔の如く、其の浄き生活の声鐘を打ち振らして眠れる公会を呼び醒ます事であろう。而して公会の進歩発展の為に必要なるものは学識に非らず、事業に非らず、祈祷であると云う真理を力強く実証することであろう。

この文は英国の修道会の東京ホームの開所の記事の抜粋であるが、その内容は、修道会はあくまで教役者、教区との協働にあることが明記されている。これらは修道会の理念を表しているとも言えるが、わたしは多少違和感を感じさせせられている。それは同じ英国聖公会ではあっても別の宣教団体CMS、米国聖公会やカナダ聖公会などを意識してのことか、また日本聖公会の邦人教役者に対して配慮なのか、いろいろと想像できるところである。推測しきれないまま文字を読み返してみて、わたしはここに「外国の女性たちが働きにやってくることへの警戒」への気使いや「修女会はお祈りしてるだけなのでけっして怖くないですよ」という前備えがあるように感じられる。もし来日する会が修士会だった場合、果たしてその強調点はどこに当てられたのかなどと自問自答してしまうが、ともあれ四人のシスターたちが来日し東京での生活が始まったのだった。

朝、昼、夕と鐘をならす修女

○修道生活と日本人志願者

一九一九年に来日したエピファニー修女会は、かつて神学校であったところの建物（聖ヒルダ館）に支部、東京ホームを置いて生活が始められた。最初の一年の様子はギルドの一九二〇年の「年次報告」に報告されている。

一九一九年十月に日本に上陸してからこの一年は、周囲の人々皆様からの耐えず親切と援助という素晴らしい経験をしてきました。岡本さんは私たちと共に住み、家事に通訳に大きな助けをして下さっています。…略…この家のもう半分の側に住む刺繍部と孤児たちの責任者であるミス・ホーガンは、いつでもよろこんで彼女の経験から得たよいものを私たちに下さるようにしています。

わたしたちの仕事につて多く語るのはまだ早すぎます。修女たちの働く時間は短く、言葉を勉強するのにある程度時間を取られます。けれども修院は絶えず、その時々の訪問者によって利用されています。この一年に三〇人の人々が来られました。主に宣教師で南北の東京教区からばかりでなく中部、大阪、北海道、朝鮮、中国からの方々です。殆ど、この方々は一日の静想日、陪餐、または休み、静かにすごすという目的できました。…春には二つの静想日がありました。一つは英国婦人たちのためでわたしたちのチャプレンであるスウィート司祭の指導で二〇名の参加がありました。もう一つは日本人の教師たちと伝道者たちのためで、山県司祭の指導で三〇名が出席しました。……生活費は高く、ポンドは三分の一値下がりし、昨年より更に為替相場は悪くなっているので経済状態は心配になって来ています。…大きな節約となったことは全修女が日本に来てこの一年間健康であったため、医療費が出なかったためでしょう

（一九一九年十月二十一日付）

と、岡本房子の働きや刺繍部と孤女院のこと、修道院で行われたリトリートのこと、そして日本での生活と健康のことなどが記されている。

ところで、同修道会の〝お勤め〟といえる「聖務時祷」や、共通の約束で成っている修道生活そのものについては記されてはおらず、また表現され難いものであるが、東京ホームが開所されたことで、日本においても身近に修道生活に触れることができるようになったのであった。

日本人の最初の志願者は、来日当初からシスターたちを助けていた岡本房子、また揺光ホームの働きを担っていた小高信子であった。二人の志願服姿の写真も残っているが、結局彼女たちの志願がかなうことはなかったのである。これらのことについてナザレ修女会の八千代修女は、

初めて日本聖公会のなかにシスター達がいらして多くの信徒の方に感動を与えたようです。やがて二、三年して日本聖公会の婦人のなかから、是非自分達も神様に捧げたいという人達が二人おできになりました。それでシスターたちは非常にお喜びになって、それをセシル主

教にお話したところが「いやまだ日本聖公会では早すぎる」といってお許しにならなかったそうです。

と伝えている。果たして「日本聖公会では早すぎる」という言葉は一体何を意味していたのか考えさせられるところである。シスターたちが来日した、一九一九年といえば朝鮮半島で三一独立運動が起きた年であり、エピファニーの支部があった一九一九年から四一年は、日本がますます国粋色を濃くしていった時代であった。このような時代の中にあって日本聖公会では一九二三（大正一二）年に、日本人監督（主教）として東京に元田作之進、大阪に名出保太郎が着任し二つの教区（東京、大阪）と八つの地方部という組織となっていった時代である。

邦人監督が誕生した時に岡木房子は五四歳（一八六九年生まれ）、後に志願が叶った根津八千代は一九〇八年生まれでこの年にヒルダ刺繍部に入学している。岡本と根津の年齢差は四〇歳近くあり、岡本は修道生活を志願し続けていたが一九三一年に逝去。その後一九三四年に志願者となった根津八千代と酒井いその志願が受理され一九三六年に修練期に入りナザレ修女会が誕生することとなる。

邦人修女会の誕生が、日本聖公会の組織形成とどのように関係するのか、またお国事情にも関わるものなのかは分からないが、岡本の修道志願がかなわなかったことを考えると、時代だったという一般的な言葉でくくらざるを得ないように思えてくる。

一九四一年までヒルダ・ミッション構内にあった構内の様子を、香蘭女学校の卒業生は『春秋の香蘭』創立九〇年記念号で、次のように伝えている。

寄宿舎の庭続きに英国のシスターたちの居られた、エピファニー修道院というのがあって、お祈りの時を告げるチャペルの鐘が日に何度か鳴り響き、三光町一帯は、誠に平和なたたずまいでした。週一回は私達もチャペルの晩祷に出てシスターの静かなお祈りの声に心を鎮めることができました。日曜日になると…三光教会があり、寮生は皆出席することになっておりました。…オーガニストは岡本房子先生という修女志願者の黒い服を召したお方で、先生のオルガンは本当にすばらしいと思いました。

放課後は学校の奥にありましたナザレ修女会とエピファニーホームのお手伝いをしたり、シスター方から按手礼を受ける準備のためにバイブルクラスで勉強、…寂しさもまぎれて日が経って行きました。

下館聖公会の宣教師館前　1947 年
左は光枝修女、右は八千代修女

（一九七八年七月発行）

卒業年度が異なる二人の生徒の思い出であるが、戦争に向っていく時代の中にあってヒルダミッション構内の穏やかさは、尚更思い出深いものになったにちがいない。

時の流れは確実にミッション構内にも押し寄せ、先述したごとくエピファニーの修女たちは一時避難のため豪州へと向い、ヒルダ刺繍部は解散したのだった。

ナザレ修女会については後述するが、八千代修女と後に入会した光枝修女（三澤光枝）は共に戦時下を過ごし、邦人修道会の礎を築いていくことになる。

第四章　聖ヒルダ神学校、聖ヒルダ沼津支部と顕光館

一　「ヒルダ神学校」Hilda's Shin Gakko

ヒルダ神学校について元田作之進は、

聖ヒルダ女子神学校は明治二十二年の創設にして、故ビカステテス監督及び故ソントン女史に依って創設せられしものなり。現在の校長は、メープル・リカーズ女史なり。黒川コウ子は長く此校の為に尽くさる。目下は吉田トク子其舎監なり。卒業生二十一名ありて現在伝道に従事し居る者四名なりと云う

と記している。右記の卒業生二十一名、伝道従事者四名というのは同書発行一九一〇年以前の状

況であるが、後述する聖ヒルダ沼津支部発足に重なっている。なお、一九一〇年時に校長であったメープル・リカーズはギルドの報告で次のように記している。

ヒルダ神学校卒業式　1908 年頃
後列右より２人目酒井正栄、後列左端吉田トク、２人目岡本房子

聖ヒルダの働きの中心（the heart）である神学校は、当初は創設者ビカステス主教とミス・ソントンに負っている。これは一八八七年一二月に日本に着いて六ケ月までには計画されていて、一年以内には聖パウロ・ギルドに広く名前が知られているMrs. Itoが最初の寮母となった。学校の最初の家は一八八九年に建てられ開校した。この敷地と家は他の所に移り労働者学校（Industrial School）となった。そして父と姉妹の記念としてソントン女史によって古くからの敷地に神学校が建てられた。この夏それは、彼女の姪によって、彼女の記念として、さら

に大きくより改善された。（一九〇八年一〇月）

さらにこの報告文は神学校の周囲の桜や木蓮などのある庭、建物の部屋の配置などを細かに記しその様子を伝えている。ビカステス主教と共にヒルダ・ミッションの礎を築いたソントン女史が、女性たちが神学校で学ぶことに、どれだけ心を用いていたかが伝わってくる。ミス・ソントンはミッションの責任者としての働きを成し、一九〇四年に逝去、東京の青山墓地に記念されている。

ミス・ソントンの墓石　青山墓地

○メープル・リカーズの報告文

『日本聖公会史』発行時にヒルダ神学校の校長であり、右記の報告をしているミス・リカーズは、一八九四年の来日であるから、ミス・ソントンが逝去する一九〇四年まで約一〇年の間、麻布のヒルダ本部でその働きとビジョンを共にしていたことになる。ヒルダ・ミッションにおける彼女の働きは、一九〇五年の「聖公会略暦」では「婦人養老院」の院長と「香蘭女学校」の覧に教員として記されており、長い間香蘭女学校の担当責任者であった。

また、一九一一年の要覧では「香蘭女学校」の館長、「婦人養老院」の院長、そして「聖ヒルダ女子神学校」から名称が変わった「私立東京女子神学専門学校」にその名が記されている。ヒルダ・ミッションの本部が麻布区永坂町から芝区白金三光町に移ったこの間、ミッションの働きをめぐって支援団体であるギルドやSPGとの関わりなど、移行期の困難な働きにも当たっていたはずである。当宣教団体での彼女の働きは推測するに余りある。ヒルダ本部が白金三光町に移り、神学校が「私立東京女子神学専門学校」として落ち着いたであろう一九一三年、彼女は日本を離れ英国のエピファニー修女会に入会志願をしたのであった。その後彼女は、エピファニー修女会の修女、Srヒルダ・メーベルとして再来日しているが、このあたりのリカーズの思いがどうようなものであったか興味深い。

ヒルダ神学校　右側は礼拝堂

なお神学校についてギルドの報告書ではヒルダの働きの項目に聖ヒルダ女学校（香蘭女学校）や聖ヒルダ養護施設（清薫孤女院）、聖ヒルダ刺繍学校などの項目と並びS. HILDA'S TRAINING SCHOOL FOR JAPANESE WORKERSと記されている。しかしリカーズの報告文はTRAINING SCHOOLという言葉はなくHilda's Shin Gakko（Divinuty School・ヒルダ神学校」）として記載されている。

○黒川コウとミセスいとう

元田の『日本聖公会史』に記された黒川コウ子（以下黒川コウ）は、一九〇五年の略暦の「聖ヒルダ女子神学校」の項にもその名の記載がある。しかし、ミス・リカーズ女史は「一八八九年の神学校開校当初から寮母として望まれていたミセス・イトウが着任した」と報告しており、一八九七年のギルドの「年次報告」を紹介した「香蘭だより」第二五号にも「婦長ミセスいとう」という名がある。わたしがヒルダ・ミッションについて興味をもち始めた頃の混乱の一つは、このミセス・イトウであり、いつの間にか消えた黒川コウと突然現れたミセス伊藤の二人の人物を追っていたわけである。何年か後に、その疑問が解決したのが「リカーズの報告文」に載っていたヒルダの集合写真であった。すでに見慣れた顔のあるその写真には丁寧に名前が書き込まれ、明らかに黒川コウであるところにMrs. ITO（KUROKAWA SAN）と記されていた。

しかし黒川コウとミセス伊藤が同一人物と分かって喜んだのは束の間のことで新たな疑問がわき上がる。はたして彼女はイトウ氏と結婚したけれども、それまで知られていた黒川を通名として使っていたのか、あるいは夫に死別して旧姓に戻ったのだろうか。後になって、彼女は立教女学院で奉職した黒川とよの母親であることを知り、伊藤のミセスであった後に黒川となったことが分かったのであるが、果たして伊藤に付いているミセスは何であったのか。結婚することによって姓名が変わるということが、どれほど女性の働きを記録され難いものとしていることか、その思いをさらに強くしたときであった。

ところで「リカーズの報告文」には女性たちの名前がある写真を見ただけではなく、当宣教団で重要な存在であっただろうと推測しながらも、わたしには姿を思い描くことができなかった黒川コウ、酒井正栄の動きに触れることができた。さらにまた聖ヒルダ沼津支部と全く見当のつかなかった「エピファニー・ミッション・ハウス静岡」顕光館について記されており、ミス・リカーズのていねいな報告という働きに改めて感謝したことである。

二　沼津聖ヒルダ支部と静岡の「顕光館」

沼津の聖ヒルダ支部は一九〇七年、静岡の顕光館は一九〇八年にスタートしたと考えられる。もとより静岡県は南東京地方部にあってＳＰＧが力を入れていた地域である。『ＳＰＧ二〇〇年史』には、次のような記述がある。

静岡県の働きは一八八九年に始まった。：静岡、犬居、大宮、沼津、伊東または大仁、そして三島。静岡（人口三万八千人）は県の主要なまちであり、徳川将軍と特別な関係にある。

…希望に満ちた活動が、沼津を中心にしてた地域の町々にもたらされている。（七二四頁）

沼津にヒルダ支部を置くことができたのは、そのような基盤があってのことと考えられるが、一九〇九年の聖公会略暦には「ヒルダ支部」の名は、沼津の聖約翰《ヨハネ》教会と並び、また「顕光館」の名は静岡の「聖彼得《ペテロ》教会」と並び、次のように記載されている。

○「聖約翰教会」
：静岡県駿東郡沼津町城内片端（長老：佐竹隼）
○「聖ヒルダ支部」
：静岡県駿東郡沼津町城内五百六番地（黒川幸子、山本センチ、菊池華江）
○聖彼得教会聖（ペテロ教会）
：静岡県静岡市東草深町三丁目四番地（長老シ・オ・ピカード、ケーム・ブリッジ。堀正義。

岡垣秀蔵）
○顕光館
：静岡県静岡市東草深町三丁目二十一番地（主任　ミセス・ビカステス）

沼津聖ヒルダ支部前列・山本セン子　左端・黒川コウ

なお、沼津聖ヨハネ教会の「歴代教役者年表」、一九一〇年「補佐の教役者」の欄には着任した婦人伝道師として黒川コウ、菊池華江、井上てる（照子）の名前が記載されている。

ところで「沼津聖ヒルダ支部」について資料を探し始めたきっかけは「聖ヒルダ沼津支部」と記された写真の凛とした五人の女性たちの姿であった。名前は記されていなかったが、あまりにも堂々としている女性たちの姿が沼津聖ヒルダ支部への興味を生み、一九〇八年のミス・リカーズの報告文に至らせたのである。

実はアルバムにはＧｅｎｋｏ－Ｋｗａｎと書かれたものがあり、『静岡聖ペテロ教会百周年記念誌』には次のような記事が記されていた。

大正三年（一九一四）一月。マイケル長老は在任四年で逗子に転任、代わってＲ・Ｄ・ショウ長老再び管理長老となり東草深町三丁目二十一番地に居を定めた。ここはビカステス監督の未亡人が日本伝道に再来し、静岡に遣わされて伝道のため教会発展のために尽くされた頃の住宅で、顕光館と呼ばれていた。ショウ長老時代には、礼拝は教会で、その他の集会は顕光館や信徒有志宅で行われ、教会にいわゆる会館のまだなかった頃の備えられた場所であった。

エピファニー・ミッション・ハウスは顕光館が同じであることになぜ気づかなかったのか我ながら呆れているが、名称の故にエピファニー修女会の働きに思いを巡らせてしまい、「エピファニー」の和訳「光が顕れる」に思いが至らなかったのである。

外に立つ女性　右側が酒井正栄　1909 年頃

静岡エピファニー・ミッション・ハウス（顕光館）
内壁の写真はビカステテス監督

「顕光館」と「静岡エピファニー・ハウス」が同一のものだと気づかされた。落ち着きどころのないいくつかのピースが、リカーズの報告文でつながったのである。

「リカーズの報告文」には次のような沼津と静岡に関わる部分の報

告が見られる。

ヒルダ・ミッションとSPGの同盟（affiliation）についての最初の喜ばしいサインは、この三月にビカステス夫人と連れのミスチャップマンの到着です。…（略）…ビカステス夫人は酒井さんと一緒に静岡に行きました。そこで酒井さんは最初の六ヶ月間仕事を始めることになっている…特別な働き手（valued worker）であるイトウ夫人が沼津から来ていた。二十年近く彼女のホームであったヒルダの再訪問は、沼津支部の担当者（責任者）として昨年一一月に出かけて以来初めてのことである。

マリオン・ビカステス

静岡ミッションハウス
酒井正栄　1908 年

つまり一九〇七年に沼津のヒルダ支部が置かれ、その責任者としてミセス・イトウ（黒川コウ）が一一月から出向いていたこと。さらに翌年（この年の）三月にSPGの働きとしてビカステス夫人（Marian Bickersteth）が来日、そして酒井正栄と共にでかけ酒井は最初の六ヶ月間静岡に留まっていたということである。

先の沼津聖ヨハネ教会の資料によると、三人の名前（黒川、山本、菊池）が記されているのは一年だけで、二年を置いて一九一三年には三田村あやが着任している。沼津支部と「静岡エピファニーハウス」の間で、女性たちがどのような動き方をしていたのか、一九〇八年報告からだけでは分からないが、この報告文では「輿石さん」のことに続き日曜学校、養護施設。地域的には秦野、小田原などの地域でのミス・プリングル（Fanny C. Pringle 滞日一九〇〇～一九一一年）とミス・ネビル（C. G. Lucy Nevile滞日一九〇五～一九二四年）の働きなどが記されている。

顕光館のあった数年間、聖公会にとっては一九〇七年には下回っていた邦人司祭の人数が、一九一二年には外国人の司祭の人数に追いついてきた時代と重なっている。ヒルダの女性たち、外国人の女性の宣教師と共に動き学んでいた時代から、日本人の教役者と協働することが多くなる時代となるわけだが、教会での彼女たちの働きがどのように変化していったのか興味深い。

三　活き活きとした女性たちの働き

○神学校と伝道役者

先の「リカーズの報告文」には吉田トクが東京の代表として女性たちの大会に出席したことや神学校の様子が記されているが、これは一九〇八年四月に日本聖公会の第九回の総会が大阪で開催された年のものである。

総会に出席した人々が送られる様に、ヒルダ・ミッションの中にも同じような送れがあって、五年間の熱心な働きを終えたミス・ケントが大勢の女学生や友人たちに送られて旅立ち、そして無事上海まで到達したこと。翌朝にはこの数ヶ月間学校の手助けをしてくれたミス・パーマーがカナダに向けて出発したこと。彼女たちの働きが、いきなり残った者たちにかかってきていること。新しい学期が始まり、優秀な生徒たちが入学してきたこと。

大阪での大会（General Synod）は、三百人位の女性たちが参加していて、女性にカンファレンスの機会をあたえてくれた。わたしたちのメンバーである酒井さんは、朝鮮からの帰路その大会に出席した。神学校の舎監である吉田さんも、東京からの代表として選ばれ出席していて、大会後二人は京都、奈良、名古屋を訪ね、名古屋ではＣＭＳの働きを見、沼津の働き人を訪問した。酒井さんは六ヶ月間留守をしていたので帰ってきたのはとても嬉しかった。三週間しか我々とともに居られず、数日後にビカステス夫人と静岡に行った。

活き活きとした女性たちの姿が見えるようである。この総会時に三百人もの女性が集まったというのは、初めての全国的な婦人大会が開かれたのであり、「この呼びかけの母体が『日本聖公会婦人補助会中央部』と称されるようになった」と『息吹を受けて』は伝えている。大阪から東京までの旅、吉田と酒井はどのようなことを話しながら時を過ごしたのだろうか。

吉田トクについて、ミス・リカーズは、「彼女は十代の時から香蘭女学校で私たちと共に居り、その後十二ヶ月間津田塾学び、政府の英語の試験も高い評価を持ってパスした。…戻ってきて英語を教え…昨年の一一月より神学校の舎監（superintendent）になった。彼女はとても良い聖書の先生であった。」と記している。舎監に着任し大会に参加した時の先の記事は吉田が二〇歳前後の時のことである。

酒井正栄については先述したように、「ヒルダ伝道会」の伝道役者と記されており『あかし人たち』では神田キリスト教会で田井正一司祭のときに献身したことが記されているが、彼女がいつ何処に生まれたかなどわたしには未だ分からないままである。リカーズ女史の来日が一八九四年、酒井のヒルダ参加が一八九三年であるから、酒井とミス・リカーズはヒルダ構内では ほぼ同期の二人である。ミス・リカーズは養老院、香蘭女学校、神学校、そしてギルドへの報告の責任を負っていた。酒井は本部を半年留守にして朝鮮を訪ね、聖公会の総会に赴きＣＭＳの働き人たちを訪問し、東京に戻って後にマリオンビカステスの到着を待ち静岡へ同行、静岡での新プロジェクトの始めの働きを担っている。日本人でありながら、この時代に既に伝道団で指導する立場にあった酒井正栄はいったいどのような経歴の持ち主だったのだろうか。

寮母であった黒川コウについては、彼女が二十年間神学校の寮母であったこと、沼津聖ヒルダ支部の責任者であったこと、そして彼女の久しぶりの本部訪問が、周囲をとても喜ばせたこと。それらに続き「ミセス・イトウはもう一人の若い働き手を連れてきている」という話が展開され、沼津で働く山本の体調がおもわしくないことを報告しながら、次世代スタッフを育てる黒川の働きが伺われる。

またリカーズは黒川の沼津報告より「輿石さんは看護婦で、ハンセン病の看護のために捧げたいと願っている。試験で非常に良い成績をとった。それは彼女がしたい仕事のよりよい機会を開いた」と伝えている。話題にある輿石について、彼女がキリスト教会で働く婦人伝道師になるわけでもないのに「沼津に喜びがある」と報告している。

先述したようにヒルダ・ミッションの働きは学校教育、孤女院、刺繡部、高齢者支援など多岐にわたっていたわけだが、婦人伝道師の働きは教会の内だけであったと思い込んでいたわたしには、黒川や酒井、吉田トクらが送り出した女性たちがキリスト教会のみならず医療、福祉事業の分野での働き人となっていることに改めて驚かされたのであった。

○緩やかなネットワーク

ミス・リカーズは輿石カツが目黒の療養所に献身したことを報告しているが、当時の女たちが積極的に関わった働きとして、ハンセン病療養所の働きを忘れることはできない。英国では既に「救らい協会」が結成されていたが、日本においては多くの病の原因は何かの祟りと思われており、特にハンセン病を発症すると治療や介護を受けるどころではなく人々の生活から排除され過酷な状況に置かれていた。

前列右より４人目　コンウォール・リー
エピファニー修女会東京ホームにて　1920年以後

そのような状態の中でも目黒では慰廃園が、熊本ではハンナ・リデル（Hannah Riddel）によって回春病院が開設されていた。また一九〇〇年に草津を訪れ同地でのハンセン病者の状況を目の当たりにしていたハンナ・リデルは、既に回春病院を開いていたため熊本に戻るが、一九一三年に熊本より人を送り草津湯之沢においてキリスト者の集まりである「光塩会」が組織されることとなる。

さらに一九一五年、「光塩会」から牛込聖バルナバ教会に働いていたコンウォール・リー（Mary Helena Cornwall Legh）に救援が求められ、彼女は翌月に草津湯之沢を訪れている。湯之沢を訪れたコンウォール・リーは翌一九一六年、ハンセン

左後列にミス・マギル、左前列に酒井正栄、
右後列コンウォール・リー、右端・岡本房子　1928 年頃

病を発症した人たちと共に生きることを決心してバルナバ・ミッションをスタート、草津湯之沢に移住したのだった。

同一九一六年、沼津聖ヒルダ支部にいた井上照子はバルナバ・ミッションに献身し、草津湯之沢に赴いている。また後にエピファニーのシスターとなった米国宣教師ミス・マギル（先述）は、一九二四年には草津湯之沢を訪問し始めており、一九二八年よりバルナバ・ミッションの聖マーガレット館の舎監となっている。

ハンセン病診療所に献身した女性たちは、ある人は所属していた団体から離れ、ある人は周囲の人や家族の反対を受けながらもその働きに身をおいて行った。

日にちも場所も書いていないのだが、とても楽しげな、女性たちみながうれしそうな写真がある。ミス・マギル、コンウォール・リー、岡本房子、酒井正栄、そしてとてもラフな姿の地元の人たちと思える。草津の町でハンセン病の患者さんも写った写真と一緒にあったものなので、おそらく草津を訪問したときのものである。この中に輿石カツや井上照子がいるかは分からないが、人と人との繋がりが作るおだやかさが漂っている写真である。

リカーズ女史の報告文は「八月のミス・ハミルトンとミス・フィリップスの到着を待ちわびているこ と。彼女たちの働きへの嬉しい期待によって、非常に忙しすぎる期間をのり超える希望を持っている」ということで文を結んでいる。

ミス・ハミルトンとミス・フィリップスについては、既に何度か記してきているが、東京のミッション構内でミス・リカーズたちが待っていたのは既に情報が共有され、同働者として共に祈ってきた二人である。彼女たちの到来を待つリカーズ女史の報告文は、なんと信頼に満ちているかと感銘を受ける。

「チーム・ミニストリー」と「お互いに祈りの内に覚える」ということはヒルダの約束事であった。しかし至極当たり前に言われる、これらのことは、それ程簡単なことではない。ましてその働きや志しが長期に及ぶならば尚更のことである。であるが故にヒルダの中でそれを維持するための具体的な行事が、毎年行われていたリトリートであった。おそらくこのリトリートの時に合わせて会議が持たれ、再びそれぞれの場に使わされて行ったのであろう。リカーズ女史の報告文でも黒川の再訪問を喜び「この年のリトリートは特別な喜びであった」と記し、「恒例の日本

福沢邸（慶応幼稚舎内）鳩の巣会　1950 年頃
前列左端・吉田トク、中央・Sr. セオドラ、右端・光枝修女
後列・背の高い Sr. メリーエリサベツ、右隣・Sr. エディス・コンスタンス、八千代修女

語のリトリート（the annual Japanese Quiet Day）があって二〇人近くの人が出席したことを報告している。

さて、修道院のアルバムに一九五〇年頃の福沢邸（慶応幼稚舎敷地内）で写したものがある。そこには戦時下でも礼拝に使うパンを焼き続けた八千代修女と光枝修女。一九〇八年にヒルダの宣教師ミス・ハミルトンとして来日したSrエディス・コンスタンス。同じくヒルダの宣教師であったSrセオドラ。コンウォール・リー女史と共に草津で働いたSrメリー・エリサベツ。宣教師として呉で働いていたSrフランセス。前列左端には吉田トク婦人伝道師。そしてシスターたちの愛育を受けた

「鳩の巣会」の人たちの顔がある。ナザレの歴史であり、エピファニーの歴史でもあり、ヒルダ・ミッションの歴史でもある。

人と人が作るネットワークは横軸だけでなく、時間という縦軸のなかでもつながっている。修道院という限られたスペースの中では明確にそのことが見えてくる。一見社会から閉ざされたような空間は、実はとても多くの人たちに共有された場でもあったことを再確認した。

参考文献

定期刊行物

『日曜叢誌』、日曜叢誌社。
『基督教週報』、日本聖公会。
『日本聖公会略暦』、日本聖公会教務院。
『はこぶね』、日本聖公会東京教区文書部。
『香蘭だより』、香蘭女学校。
『神戸っ子』、月刊神戸っ子。

和文文献

元田作之進『日本聖公会史』、東京普光社、一九一〇年。
今井寿道編『エドワルド・ビカステス』、日本聖公会出版社、一九一六年。
『日本聖公会東京教区内社会事業一覧』、東京教区奉仕部、一九三五年。
日本聖公会歴史編修委員会『あかし人たち』、一九七四年。

『ナザレ修女会四十年のあゆみ』、ナザレ修女会、一九七六年。

日本聖公会歴史編纂委員会『日本聖公会教役者名簿』、日本聖公会管区事務所、一九八一年。

徳満唯吉『湯之沢聖バルナバ教會史』、湯之沢聖バルナバ教會、一九八二年。

『日本キリスト教婦人矯風会百年史』、ドメス社、一九八六年。

『息吹をうけて』、日本聖公会婦人会、一九九一年。

井野瀬久美恵『子どもたちの大英帝国』、中央新書、一九九二年。

遠藤元男『ヴィジュアル史料　日本職人史』、雄山閣出版、一九九二年。

塚田理『初期日本聖公会の形成と今井寿道』、一九九二年。

『感謝と賛美は私たちのつとめです～教会創立一〇〇周年記念誌～』、静岡聖ペテロ教会、一九九三年。

西村みはる『社会福祉実践思想史研究』、ドメス社、一九九四年。

白井厚・堯子『オックスフォードから』、日本経済評論社、一九九五年。

井野瀬久美恵『女たちの大英帝国』、講談社、一九九八年。

白井堯子『福沢諭吉と宣教師たち』、未来社、一九九九年。

白井堯子「E・G・フィリップスと日本女子大学」『日本女子大学一〇〇周年記念号』、成瀬記念館、二〇〇二年。

金坂清則訳『イザベラ・バード極東の旅2』、東洋文庫、二〇〇五年。

金坂清則訳『イザベラ・バード極東の旅1』、東洋文庫、二〇〇五年。
『日本におけるカナダ人の伝道』、日本聖公会中部教区・資料叢書。
「日本聖公会呉信愛教会宣教一〇〇年略年表」、呉信愛教会。

欧文史料

ANNUAL REPORT AND STATMENT OF ACCOUNTS THE Guild of S.Paul 1920.
Community of the Epiphany, TRURO 〈THE LORD BISHOP OF TRURO/Warden：THE ARCHDEACON OF CORNWALL/Sub- Warden：THE REV. B.H.NASH〉 1927,1933 ,1935.
Samuel Bickersteth, *LIFE AND LETTERS OF EDWARD BICKERSTETH,* Bishop of South Tokyo, LONDON, 1905.
C.E.PASCOE *TWO HUNDRED YEARS S.P.G 1701-1900.*
Mission in the Diocese of South *Tokyo,* *JAPAN,* Guild of S.Paul
Ladies Association for Promoting the Education of Females in India and other Heathen Countries in connection with the S.P.G.

あとがき

多くの人が共有してきた修道院というスペースを、わたしも必要としてきたうちの一人です。シスターが講師であったキャンプに参加したのは一九六三年の夏のことで、教会に通い始めたばかりの中学生（わたし）にとってシスターとの出会いは一大事でした。その印象は「神様と話をすることを生活としている人」というもので、それまで考えてもみなかった世界を垣間見た思いでした。そのキャンプにシスターと一緒に中学生が来ていて、どこから来たのかを尋ねると「修道院から」という答えでまたビックリ。その中学生はエリサベス・サンダース・ホーム（養護施設）の子で、夏休みの間修道院に滞在していたことを知りました。同世代の彼女の言葉に、「わたしも行ってみたい」と思ったのが修道院に関心をもった始まりです。

当時ナザレ修女会は港区白金三光町にあり、住宅街にも関わらず敷地内は緑の木々が多く茂り、子どもたちがセミ捕りを楽しむような自然が保たれていました。正門を入って直ぐ右手に幼稚園、小高い坂を昇った所は手入れがされた花壇が広がり、チャペルをはさんで二棟の木造の建物がありました。手前に修女棟、奥は一九六三年までエピファニーのシスターたちが使っていた館で、二階に数室のゲストルームがありました。木製の寝台と机、スタンド、引き出しとクローゼットといった簡素な部屋は、生活にとって必要なものはそれほど多くはないということを物語っているように思えました。一階には聖餐式（ミサ）に用いるパン（ウェファース）を焼く部屋があり、館内に満ちているその香りもゲストルームの心地よさの一要素でした。

修道院内のほとんどの場所と時間帯は沈黙で、一日七回の短い礼拝で織りなされる生活のリズムは心地よく、とても貴重な体験となりました。おしゃべりと甘い物を楽しむお茶の時間も、修道院の印象深い風景です。修道者のお勤めである聖務時祷（オフィス）の礼拝は詩編の交唱が主で、四線譜の聖歌（セーラム聖歌）の独特なメロディーと歌詞は心に響くものでした。中でも一日の終わりにあって、就寝前の祈り（コンプリン）は透き通るように美しいと感じました。

シスターたちは時間になるとウェファースの部屋へ、裁縫部屋へ、そして幼稚園に出勤（？）されました。作られたウェファースは日本各地の教会（聖公会）やサラワーク（ボルネオにある街）に届けられ、聖餐式で用いる布類と祭服の教会刺繍と仕立てなどが為されていました。

修道院の入口にあったナザレ幼稚園は一九五四年に発足しました。第二次世界大戦前まで同敷地内にあった三光幼稚園が閉園し、当地に幼稚園が望まれていたための開園であったとのことです。開園に際しては、戦後の復興期にあって海外の聖公会からの応援があり、また八千代修女と共に戦禍をくぐり抜けてきた光枝修女が幼稚園教諭であったことで実現しました。

ナザレの沖縄支部である聖ジョージ修道院は、一九六三年にアメリカ聖公会の伝道地であった沖縄聖公会からの要請で設置され、保育園の開所準備や保育現場、学童保育や教会での働きなどを担いました。一九七一年に設置された仙台支部は、一九五六年から当地にあった変容貌修女会の日本支部で、同修女会が米国に引き上げるため引き継いだものでした。

また、二人の修女が日本聖公会からの宣教師として（一九七二年から一九八〇年、一九八四年から一九八七年の通算十二年間）、ブラジルの日系教会に派遣されました。この間、ブラジルから届く報告が「修女会便り」に記載されていましたので、それまではとても遠かった国が急に近くに感じられました。

白金三光町はエピファニー修女会の支部があり、ナザレ修女会の誕生の地、そして戦後も戻ることができた場所でした。しかし時と共に周囲の状況も変わり、急な坂の上の修道院では生活にも訪問者にとっても支障をきたし始めていました。そのため、移転が検討されるようになり、三十カ所ほどの候補地を廻るなど相談を重ねています。周囲には緑も多く、平地である三鷹市牟礼に移転してきたのは一九九三年のことでした。わたしが修道院を訪れたのは移転してから大分たってのことですが、館内は殆ど段差が無く、足腰の痛みなどで歩くのが難しくなっていたシスターは補助車を使ってチャペルに来ることができていました。高齢になってオフィスを守っているシスターたちの姿には訪れるたびに力づけられ、お若い時とは異なった励ましをいただきました。

わたしが初めてお会いしたシスターであった千代修女は、高齢になられても変わることなく「神

市川聖マリア教会の中高生キャンプで話す千代修女
山中湖で　1962 年頃

様と話をすることを生活としている人」との感をますます強くさせられました。千代修女の言われたことは教区報などにも残され「シスターたちは唯日々を総て主の聖手の中にあって主を見上げ、主を賛美しているのであります。これが修道者の生活の一番中心であります」（原文ママ）などと簡潔です。彼女は日本女子大の学生であった時、暁星寮でミス・フィリップスの感化によってシスターになることを考え始めたとのことです。卒業後に婦人伝道師として教会で働き、その後、修道院に入りたいと決心した時は戦争に阻まれ、学校や軍関係での働きを経て、一九四七年にやっと志願者になっています。

First give yourself to God. then to the work God give to you.（先ず自分自身を神に。その時、神があなたに働きを下さいます）。これは米国のオールセインツ修女会が制作したカードの言葉ですが、とても味わい深い言葉だと思い巡らしています。

順修女がシスターになった時のことですが、修道院に入りたいことを司祭に相談したところ、看護の働きをされている神愛修女会から入会の誘いを受けられたとのこと（彼女は看護師でもあったのですから、それは当然のことだったとも言えます）。しかし順修女自身は、シスターになるためには「先ず自分を棄てる」ということでナザレ修女会に志願したそうです。

とは言うものの、修練期に入るとすぐにナザレ幼稚園の開園で保育現場に、沖縄支部派遣で保育所開所の準備等々、ブラジル（千代修女と三年、一人で三年）と労働の連続。更に現在も霊母職という重責を担われていますから、ほんとうにカードの「文字通り」の姿だと思ってしまいます。


ヒルダミッションの女性たちについて記した後、わたしは修道者とは何なのかを言葉化したいと思ってきましたが、時間ばかりが過ぎてしまい、理解できていないことを痛感するばかりでした。ある時、順霊母と美代志修女に「修道者と宣教師は一体何が違うのか」をお聞きしたところ、答えはとても簡単で、即座に「オフィスです」と言われました。そして、美代志修女はご自分が修道会に入った時のことを一つ話してくださいました。

戦後初めての志願者であった美代志修女は、八千代修女、光枝修女と共に小山から福沢邸に移り、若くしてエピファニーのシスターたちの薫陶を受けられました。先ず初めに教えられたのはオフィスのベスパース（夕の礼拝）で、その時礼拝は英語であったため言葉は十分理解できなかったけれども、声の高さや唱え方など厳しく指導され、ご一緒に礼拝を捧げられていたとのことでした。

日本人で初めて聖公会のシスターになった八千代修女はもちろん、エピファニーのシスターの薫陶を受けられています。そのためでしょうか、かなり高齢になってもオフィスの唱え方や聖務聖歌の音は変わらなかったと伺っています。榛名の新生会をお訪ねした時、殆どの時間をベッドの上で過ごされるようになっていましたが、礼拝の時間には起き上がって祈祷書を開いてオフィスを捧げ、人の名前をあげて祈ることに努めておられました。

まだ修道院が三光町にあった頃、八千代修女が「修道生活は寝たっきりになった時から始まるのですよ」と話してくださったことがありました。わたしは未だに「祈る」ということがよく分かっていませんが、八千代修女のその言葉に何か「希望」を感じ、印象深く覚えています。

修女会の名称は「イエスが育った村」のナザレをいただいています。日本におけるエピファニーのシスターたちがどのような生活をされていたかを訊ねたとき、美代志修女は「英国のエピファニー修女会には、かつて労働修女と歌隊修女の制度があった（戦後にはその差が取り外された）ようです。日本のナザレ修女会は「聖家族」を謳っているように、主イエスがマリアとヨセフの日々の労働の生活のなかにあったことを大切にしています。おそらくエピファニーの修女たちは、日本に於ける修女会のあり方に、どちらかといえば労働修女の姿を望まれ「ナザレ修女会」と命名されたのではないだろうか」と。そしてエピファニーのシスターたちが、おそらく英国ではしていなかったであろう隠れた（人からは評価されにくい）働きを、黙々とされていたことを話してくださいました。

現在ナザレ修女会では順霊母と美代志修女の二人が、司祭や滞在者、職員、また訪問者たちと共に礼拝を捧げています。お二人は「今の時代にあって「ナザレの村」はどのような意味を持つのか。またその名を頂いた修道会として、何をすべきなのか」を考え続けておられます。わたしは月に一週間ほど滞在し、色々と刺激を受けていますが、修女会の発会当時の日本聖公会で何が必要とされ、あるいは何が望まれて「ナザレ」と命名されたのかなど興味深く思い巡らしています。エピファニー修女会が来日して一〇〇年。ご一緒させていただいている礼拝が、エピファニーの修女たちの大切なお勤めであり、ナザレのシスターたちが思いを引き継いできた延長線上にあることを思うと身が引き締まる思いになります。

今回、ヒルダ・ミッションの女性たちの足跡に出会う機会をくださり、またご協力をいただいたシスターたちに感謝いたします。本書に記載した写真は、全てナザレ修女会のアルバムにあったものを使わせていただきました。貴重な資料を残してくださっている諸先輩の方々、英国まで赴き、埋もれた資料から書物にまとめてくださっている白井堯子氏のお働きに感謝しています。

「かんよう出版」社長の松山献さんには、定期刊行誌『キリスト教文化』への連載、さらにそれをまとめるための編集には、たいへん長い時間とお手数をかけてしまい、お詫びとお礼を申しあげます。

本書がヒルダ・ミッションの足跡を残すために用いられますことを願って。

二〇一九年二月一日

北川規美子

〈著者紹介〉

北川規美子（きたがわ・きみこ）

1949年、千葉県市川市生まれ。現在、神戸市在住。日本聖公会信徒（大阪教区聖贖主教会所属）、キリスト教女性センター会員。

願いと働きをつなげた女たち—ヒルダ・ミッションの足跡—

2019年5月10日　発行

著　者　北川規美子

発行者　松山　献

発行所　合同会社 かんよう出版

〒550-0002 大阪市西区江戸堀 2-1-1　江戸堀センタービル9階
電話 06-6556-7651　FAX 06-7632-3039
http://kanyoushuppan.com　info@kanyoushuppan.com

装　幀　堀木一男

印刷・製本　有限会社 オフィス泰

ISBN 978-4-906902-91-0　C0016　Printed in Japan